Das Wunder von Mannheim
Festschrift zur Altarweihe der Jesuitenkirche Mannheim

ROLF LEGLER

DAS WUNDER VON MANNHEIM

Festschrift zur Altarweihe der Jesuitenkirche Mannheim

mit Beiträgen
von

KLAUS GRÄF, BERNHARD RUCH,
P. KARL WEICH SJ

herausgegeben
von der

PFARRGEMEINDE
ST. IGNATIUS UND ST. FRANZ XAVER

Kunstverlag Josef Fink

Die Deutsche Bibliothek – CIP-Einheitsaufnahme

Das Wunder von Mannheim : Festschrift zur Altarweihe der Jesuitenkirche Mannheim / hrsg. von der Pfarrgemeinde St. Ignatius und St. Franz Xaver. Rolf Legler. Mit Beitr. von Klaus Gräf ... – Lindenberg : Kunstverl. Fink, 1997
ISBN 3-931820-27-0

Vordere Umschlagseite
Jesuitenkirche St. Ignatius und St. Franz Xaver, Gesamtansicht von Südost
Rückwärtige Umschlagseite
Großes Altarkreuz von Klaus Ringwald, Silber mit Lapislazuli und Russisch Jade

Fotos: S. 74/75, 76, 79, 87y Bernhard Fuchs, Salem; S. 62 (rechts) Wallraf-Richartz-Museum, Köln; S. 63 Kurpfälzisches Museum, Heidelberg; S. 57 Verlag Friedrich Pustet, Regensburg (aus: „Die Brüder Asam“, S. 235, Regensburg [3]1987); S. 22, 45, 49, 50, 52, 55, 73, 83, 85, 86, 97 Dr. Rolf Legler, München; alle übrigen Foto Zwicker-Berberich, Würzburg-Gerchsheim

1. Auflage 1997

Gesamtherstellung: Fotolito Longo, I-Frangart (Bz)

ISBN 3-931820-27-0

INHALT

Grußwort des Freiburger Erzbischofs Dr. Oskar Saier .... S. 7

Grußwort von Bundeskanzler Dr. Helmut Kohl .... S. 9

Grußwort von Ministerpräsident Erwin Teufel .... S. 11

Grußwort des Mannheimer Oberbürgermeisters Gerhard Widder .... S. 13

Vorwort von Dekan Msgr. Horst Schroff, Pfarrer der Oberen Pfarrei St. Ignatius und St. Franz Xaver Mannheim .... S. 15

Rolf Legler Das Wunder von Mannheim oder: Die zwei Hauptaltäre der ehemaligen Jesuitenkirche Mannheim .... S. 31

Klaus Gräf Omnia ad majorem Dei gloriam. Der Ablauf der Rekonstruktion des Hochaltars der Mannheimer Jesuitenkirche aus technischer Sicht .... S. 93

Bernhard Ruch Die Rekonstruktion der Arche Noah wäre ebenso schwierig gewesen. Zur Wiederherstellung der kurfürstlichen Hoflogen .... S. 103

P. Karl Weich SJ Jesuiten in Mannheim .... S. 107

Anhang .... S. 121

GRUSSWORT

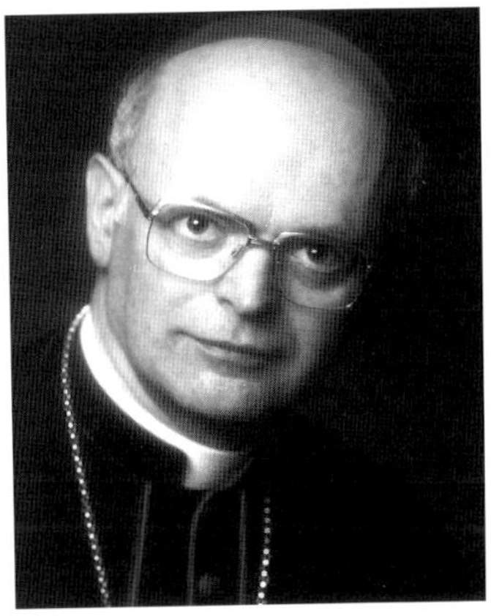

Kirchen sind Zeichen für die Wirklichkeit Gottes und Orte der Anbetung. Kirchen öffnen sich und geben denen Raum, die in der Gemeinschaft glaubender, hoffender und liebender Menschen feiern, was uns Hoffnung und Zukunft bedeutet: die Gegenwart Jesu Christi, unseres Bruders und Erlösers, des Kyrios und Richters, des Ewigen und Lebendigen. Die im Miteinander dieses Glaubens sich zusammengefunden haben, können voll Freude mit dem 84. Psalm singen: *„Selig, die bei dir wohnen Herr, die dich loben allezeit"*.

Die Mannheimer Jesuitenkirche – wenn auch am Rande der Großstadt gelegen – ist geistige und religiöse Mitte weit über die Stadt hinaus. Kundige werden in dieser Festschrift von der Bauidee der Kirche berichten und vom wechselvollen Lauf der Geschichte bis zur weitgehenden Zerstörung im Zweiten Weltkrieg, aber auch davon, wie der Schutt aus den Trümmern der Kirche hinausgeräumt wurde und Gläubige sich unter provisorischem Dach neu versammelten zum Gottesdienst. Über fünfzig Jahre dauerte es, bis wir nun am Pfingstmontag dieses Jahres mit der abgeschlossenen Rekonstruktion des Verschaffelt-Altares die Vollendung des Wiederaufbaus in der Altarweihe feiern dürfen. Dankbar gedenken wir an einem solchen Tag all derer, die den Mut und die Zuversicht hatten, den Wiederaufbau zu leisten und zu vollenden.

Eine katholische Kirche ist ein geweihter Raum. Das heißt, daß Gott selbst diesen Raum erwählt als Stätte der Gnade, als Wohnung unter den Menschen, ein Ort, an dem Menschenschuld und menschliche Vergeblichkeit Gottes Liebe und Erbarmen begegnen dürfen. Damit wird der Bau einer Kirche zum Gleichnis der heiligen Stadt, von der die Offenbarung des Johannes sagt: *„Seht, die Wohnung Gottes unter den Menschen! Er wird in ihrerMitte wohnen, und sie werden sein Volk sein; und er, Gott, wird mit ihnen sein"* (21,3).

Zum steinernen Bau der Kirche gehört der *„Bau aus lebendigen Steinen"* (1 Petr 2,5), die Gemeinde. In unseren Kirchen hören wir Gottes Wort, das Leben gibt. Hier feiern wir die Sakramente. Hier versammelt sich die Gemeinde vor allem Sonntag für Sonntag zur Feier der Eucharistie. Hier soll ein Ort der Sammlung und Stille sein, wo auch der Einzelne vor Gott zur Ruhe kommen darf. Hier soll der Ort sein, an dem der Glaube gefeiert und bestärkt wird, so, daß Christen mehr und mehr fähig werden, andere im Glauben zu stärken und diesen Glauben weiterzugeben an die kommende Generation. Hier soll sich – als Antwort auf Gottes großes Erbarmen mit uns – die Liebe entzünden, daß wir fähig werden, diese Liebe anderen mitzuteilen. Hier ist die Quelle, aus der Leben strömt. Durch den ständigen Lobpreis Gottes will seine Kirche durchwaltet und beseelt werden.

Möge die Freude über das gelungene Werk den Funken überspringen lassen auf die Menschen, die miteinander im Glauben unterwegs sind, daß der Psalm ein Pilgerlied unseres eigenes Lebens wird: *„Ich freute mich, als man mir sagte: zum Haus des Herrn wollen wir pilgern“* (Ps 122,1).

Ich erbitte für die Gläubigen aus der Oberen Pfarrei und für alle, die von weither in dieses herrliche Gotteshaus kommen, vom Herrn den *„Reichtum seiner Gnade“* (Röm 10,12).

Freiburg, im März 1997

Ihr
Dr. Oskar Saier
Erzbischof von Freiburg

GRUSSWORT

Ich freue mich, daß die Gemeinde der Jesuitenkirche in Mannheim am diesjährigen Pfingstfest ein Ereignis feiern kann, das prägend für die sakrale Atmosphäre ihres Gotteshauses sein wird und weit über Mannheim hinaus Beachtung verdient: die Wiederherstellung und Weihe des prächtigen Hochaltars.

Es zeugt vom Mut, vom Geschichtsbewußtsein und vom Weitblick der Mannheimer Bürger, daß sie sich nach dem Krieg nicht für den Abriß, sondern für den Wiederaufbau der stark zerstörten Jesuitenkirche entschlossen. Seit vielen Jahren begleite ich die Sanierung dieses kunsthistorisch herausragenden Bauwerks mit großer Sympathie. Ich besuche dieses Gotteshaus immer wieder gerne. Es ist ein Ort der Sammlung, des persönlichen Gebets – und zugleich Mittelpunkt einer lebendigen Gemeinde. Seine jüngere Geschichte ist eindringliche Mahnung zum Frieden in der Welt.

„Was Du ererbt von Deinen Vätern hast, erwirb es, um es zu besitzen." Von Herzen danke ich allen, die im Sinne dieses berühmten Goethe-Wortes dazu beigetragen haben, daß die Jesuitenkirche erhalten werden konnte und nunmehr ihr Herzstück, der Hochaltar, in originalgetreuem Zustand wiederhergestellt ist. Mit dem anspruchsvollen Vorhaben, zum 400jährigen Bestehen der Stadt Mannheim die Innenraumsanierung vollenden zu können, haben sich die Freunde und Förderer der Jesuitenkirche eine schöne und lohnende Zukunftsaufgabe gestellt. Dazu wünsche ich von Herzen gutes Gelingen!

Bonn, den 18. April 1997

Dr. Helmut Kohl
Bundeskanzler der Bundesrepublik Deutschland

GRUSSWORT

Die Mannheimer Jesuitenkirche schien nach den Bombenangriffen des Zweiten Weltkriegs tödlich getroffen, Kuppel und Dach waren völlig ausgebrannt, die Innenarchitektur war größtenteils zerstört. Der Glanz und der Zauber eines der schönsten Kirchenbauten am Oberrhein schienen für die Nachwelt für immer verloren zu sein. Doch dank engagierter Mannheimer Bürger, denen sowohl an der religiösen als auch an der künstlerischen Bedeutung der barocken Jesuitenkirche gelegen war, begannen bald nach Kriegsende die ersten Wiederaufbauarbeiten. Fünfzehn Jahre später konnte bereits der gesamte Innenraum der Kirche wieder genutzt werden. Es fehlte jedoch noch immer das Herzstück des Sakralbaus, der barocke Hochaltar, dessen künstlerische wie räumliche Größe in Deutschland nahezu einmalig war. Ihn galt es wiederherzustellen, um der Kirche ihren unnachahmlichen Charakter zurückzugeben.

Mit vereinten Kräften ist es dem Förderkreis, dem Erzbischöflichen Ordinariat Freiburg, der Landesregierung, der Landesdenkmalstiftung Baden-Württemberg und zahlreichen Mäzenen gelungen, das Unwahrscheinliche wahr werden zu lassen: Der in all seiner Pracht rekonstruierte Hochaltar kann heute eingeweiht werden. Aus der einstigen Ruine ist neues, altes Leben entstanden.

Ich gratuliere allen Beteiligten ganz herzlich zu dieser großartigen Leistung, die es ermöglicht hat, ein wichtiges Stück Kirchen- und Kulturgeschichte in unserem Land wiederherzustellen. Dank solcher Initiativen ist Baden-Württemberg in all seinen Regionen reich an herausragenden sakralen Bauwerken, die unverzichtbarer Teil unserer Geschichte und unseres Brauchtums sind. Lebendiges Zeichen unserer Gemeinschaft sind insbesondere die Kirchen und die vielen kirchlichen Gemeinden, die Sinn stiften und zu Solidarität und Humanität unseres Gemeinwesens beitragen. Die Altarweihe ist gerade deshalb ein so wichtiges Ereignis für die Stadt Mannheim.

Ich wünsche allen Verantwortlichen, Mitarbeitern und Gästen schöne Feierlichkeiten und zukünftig viele besinnliche Stunden in dieser herrlichen Kirche.

Stuttgart, im März 1997

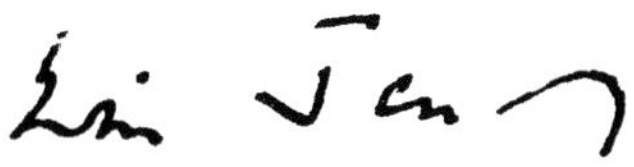

Erwin Teufel
Ministerpräsident des Landes Baden-Württemberg

GRUSSWORT

Am Pfingstmontag wird der barocke Hochaltar der Jesuitenkirche seiner Bestimmung übergeben. Die als schönste Barockkirche Südwestdeutschlands angesehene Jesuitenkirche erhält damit ihren geistigen und architektonischen Mittelpunkt zurück. Für die Gläubigen und für die kunsthistorisch interessierte Einwohnerschaft stellt die erfolgreiche Wiederherstellung des Hochaltars ein bedeutendes Ereignis dar.

Vielen Mannheimerinnen und Mannheimern sind die Bilder der in den letzten Kriegsmonaten zerstörten Jesuitenkirche, sinnbildlich für die am Boden liegende Stadt, noch gegenwärtig. Nach 15 Jahren mühevollem Wiederaufbau konnten ab 1960 in der Jesuitenkirche wieder Gottesdienste gefeiert werden. Die einstige Ausstrahlung blieb dem Gotteshaus insbesondere durch das Fehlen des Hochaltars allerdings versagt. Die stets keimende Hoffnung und der starke Wille, der Jesuitenkirche ihren Hochaltar wiederzugeben, wurden 1986, als sich die Pläne entscheidend konkretisierten, belohnt. Bis zur Fertigstellung des Hochaltars war es aber noch ein langer, beschwerlicher Weg, der bewältigt werden konnte, weil sich die Last auf viele Schultern verteilte. Die aus der kunsthistorischen Bedeutung des Werkes Verschaffelts resultierenden technischen, künstlerischen und handwerklichen Probleme wurden ebenso gemeistert wie die Bereitstellung der erheblichen finanziellen Mittel. Das Land Baden-Württemberg, die Erzdiözese Freiburg und der „Förderkreis zur Wiederherstellung der Jesuitenkirche" schufen mit ihrem Finanzierungsmodell die Grundlage für das Gelingen. Hierbei ist das Engagement des Förderkreises hervorzuheben, der, mit seinem Vorsitzenden Herbert S. Koch als treibender Kraft, ein herausragendes Beispiel erfolgreichen, bürgerschaftlichen Engagements darstellt.

Mein Dank und mein Respekt gebührt all denen, die durch ihre Arbeitskraft, ihr Engagement und ihre Spenden eine der bedeutendsten Rekonstruktionen eines barocken Altares in Deutschland ermöglicht haben. Den Gläubigen wird damit ein wichtiges Element der liturgischen Feier zurückgegeben, der gesamten Stadt ein herausragendes Zeugnis geistlicher Kunst und Kunstgeschichte.

Mannheim, im Februar 1997

Gerhard Widder
Oberbürgermeister der Stadt Mannheim

Mitteltеil des barocken Hochaltars mit Tabernakelhaus, dem apokalyptischen Lamm ,
mit dem Buch mit den sieben Siegeln und den beiden Kirchenpatronen St. Ignatius und St. Franz Xaver
(Figuren von Friedrich Mayet)

VORWORT

Die vorliegende Festschrift erscheint zur Altarweihe am Pfingstmontag, den 19. Mai 1997. Dieses Datum ist fast ein historisches, denn am 18. Mai 1760 wurde die Mannheimer Jesuitenkirche durch Fürstbischof Joseph von Augsburg, Prinz und Landgraf von Hessen, konsekriert. Nun dürfen wir also beinahe am selben Kalendertag die erneute Vollendung des Chorraumes mit der Altarkonsekration durch den Freiburger Erzbischof Dr. Oskar Saier feiern.

Das Fest der Altarweihe ist für die Pfarrgemeinde St. Ignatius und St. Franz Xaver und für die vielen Freunde dieses prächtigen Gotteshauses ein großes und frohes Ereignis. Der im Zweiten Weltkrieg völlig zerstörte barocke Hochaltar von Peter Anton von Verschaffelt (1710–1793) ist nach zehnjähriger Planungs- und Bauzeit unter der Leitung des Freien Architekten Klaus Gräf in Heidelberg und unter der Gesamtverantwortung des Erzbischöflichen Bauamtes Heidelberg wiedererstanden. Die ehemaligen kurfürstlichen Hoflogen, Meisterwerke des berühmten barocken Bildhauers Paul Egell (1691–1752), die schon beim ersten schweren Luftangriff auf Mannheim in der Nacht vom 5./6. September 1943 den Brandbomben zum Opfer fielen, konnten mit Hilfe der Schreinerinnung Mannheim rekonstruiert werden. Sie geben so heute wieder Zeugnis davon, daß diese Kirche nicht nur Ordenskirche der Jesuiten war, sondern vor allem auch die Große Hofkirche der Kurfürsten von der Pfalz.

Die Liturgiereform des Zweiten Vatikanischen Konzils (1962–1965) erfordert einen Zelebrationsaltar mit Ambo. Der Bildhauer Professor Klaus Ringwald aus Schonach im Schwarzwald hat es geradezu meisterlich verstanden, barocke und zeitgenössische Kunst harmonisch zu vereinen. So fügen sich der Zelebrationsaltar mit seinen großen Kandelabern, der Ambo, der Osterleuchter und die Sedilien in die wiedererstandene barocke Gestaltung des Chorraumes nahtlos ein. Mit Recht bewundert wird auch der von Ringwald entworfene und geschaffene Chorboden, der den mächtigen barocken Hochaltar und die zeitgenössischen Kunstwerke verbindet und gleichzeitig raumgestalterisch einander zuordnet.

Mit der Vollendung des Chorraumes ist allerdings die Restaurierung unserer Jesuitenkirche nicht abgeschlossen. Die Raumschale insgesamt muß – wie jeder Besucher leicht feststellen kann – gereinigt werden; die künftige Ausleuchtung bedarf noch einiger Überlegungen und insbesondere ist die Gestaltung der Kuppel, des Chor- und Langhausgewölbes noch ungelöst. Die ehemaligen Fresken von Egid Quirin Asam (1692–1750) sind leider unwiederbringlich verloren. Hier sind meines Erachtens zeitgenössische Gestaltungsmöglichkeiten durchaus denkbar.

Die gelungene Rekonstruktion des Verschaffelt-Hochaltares gibt der Mannheimer Jesuitenkirche wieder ihren innenarchitektonischen Mittelpunkt. Wurde der Innenraum nach dem Wiederaufbau von 1945 bis 1960 ohne Hochaltar und ohne Hoflogen als „assez froid“ (Michelin-Führer) empfunden, so strahlt er jetzt wieder im ursprünglichen Glanz.

Mit dem Hochaltar hat dieses Gotteshaus aber auch einen wesentlichen Teil seines „Großen Themas“ zurückgewonnen, seine theologische Aussage. (Vergleiche den Beitrag von Dr. Rolf Legler in dieser Festschrift)

Im Mittelpunkt des wiedererstandenen Altares steht das wunderschöne Tabernakelhaus. Auf dem Tabernakel ist das Buch mit den sieben Siegeln und das Lamm mit dem Kreuz zu sehen (Offb 5,1 ff). Dieses Lamm ist noch das ursprüngliche aus der Barockzeit, es hat den Krieg überlebt; ebenso die beiden Putten im Fries des Tabernakelhauses, der goldene Kelch auf der unteren Tabernakeltür, das Hauptteil der Kartusche an der Altarmensa, vor allem aber die obere Tabernakeltür mit der großartigen Darstellung des Emmausmahles (Lk 24,30 ff). Diese wenigen noch erhaltenen Originalteile sind uns sehr wertvoll; sie stammen aus der Hand des flämischen Bildhauers Peter Anton von Verschaffelt, dem Erbauer des ursprünglichen Altares. Das Buch mit den sieben Siegeln und das Lamm sind meines Erachtens für das theologische Verständnis des Bildprogramms des ganzen Hochaltares die Schlüsselaussage. Ich möchte versuchen, das „Große Thema“ unseres Hochaltares aus meiner Sicht zu erläutern und für unsere Zeit zu deuten:

Verschaffelt nimmt mit dieser Darstellung Bezug auf das fünfte Kapitel der Geheimen Offenbarung. Dort lesen wir von einer Vision des „Sehers von Patmos“: „Und ich sah in der Rechten dessen, der sitzt auf dem Thron: ein Buch – beschrieben innen und hinten – versiegelt mit sieben Siegeln. Und ich sah einen starken Engel, kündend mit gewaltiger Stimme: Wer ist es wert, zu öffnen das Buch und seine Siegel zu lösen? Und keiner im Himmel, noch auf der Erde, noch unter der Erde vermochte das Buch zu öffnen und hineinzublicken. Und ich weinte sehr, daß niemand für wert befunden ward, das Buch zu öffnen und hineinzublicken. Und einer der Ältesten sagte zu mir: Weine nicht. Da! Gesiegt hat der Löwe aus Judas Stamm, die Wurzel Davids, um das Buch zu öffnen und seine sieben Siegel zu lösen. Und ich sah: In der Mitte des Throns und der vier Lebewesen und in der Mitte der Ältesten stand ein Lamm wie geschlachtet: Es hatte sieben Hörner und sieben Augen. Die sind Gottes sieben Geister – gesandt zur ganzen Erde. Und es kam und nahm aus der Rechten dessen, der auf dem Throne sitzt. Und als es das Buch genommen hatte, fielen vor dem Lamm nieder die vier Lebewesen und die vierundzwanzig Ältesten, ein jeder eine Harfe tragend und goldene Schalen voll Räucherdüften: Das sind die Gebete der Heiligen. Und neuen Sang sie singen, indem sie sagen: Wert bist du, zu nehmen das Buch und seine Siegel zu öffnen“ (Offb 5,1–9).

Die Apokalypse des Johannes ist ein Sendschreiben an die sieben kleinasiatischen Gemeinden (Offb 1,4), das in der Gemeindeversammlung am Herrentag (Sonntag) vorgelesen werden sollte, damit es die Christen in ihrer Bedrängnis tröste und zur Standfestigkeit ermuntere (vgl. Offb 1,3; 22,7). Die geschichtliche Situation, die sich in diesem Sendschreiben widerspiegelt, war für die jungen christlichen Gemeinden Kleinasiens eine Zeit der Bedrängnis und der Verfolgung. Kaiser Domitian (81–96 n. Chr.) läßt sich als Herrscher im römischen Reich „Herr und Gott“ nennen und verlangt von allen Bürgern seines Herrschaftsbereiches göttliche Verehrung. Der göttliche Kaiserkult steht besonders in der römischen Provinz Asia (Kleinasien) in Blüte. Man stellt dort Statuen des Kaisers auf und zwingt die Menschen, dieses Kaiserbildnis wie Gott zu verehren (vgl. Offb 13,14-16; 14,9-11 u.a.).

Anders als die meisten Menschen ihrer Zeit müssen Christen dem Kaiser die göttliche Verehrung verweigern; sie wäre Götzenkult. So lautet ja das Zweite Gebot: „Du sollst neben mir keine anderen Götter haben. Du sollst dir kein Gottesbild machen und keine Darstellung von irgend etwas am Himmel droben, auf der Erde unten oder im Wasser unter der Erde. Du sollst dich nicht vor anderen Göttern niederwerfen und dich nicht verpflichten, ihnen zu dienen; denn ich, der Herr, dein Gott, bin ein eifersüchtiger Gott“ (Ex 20,3–5).

Die Christengemeinden in Kleinasien werden deshalb in der damaligen Gesellschaft zu Außenseitern, und da man nicht zwischen Politik und Religion unterscheidet, bedeutet die Verweigerung der göttlichen Verehrung des Kaisers zugleich auch Illoyalität der römischen Staatsmacht gegenüber. So ist der Konflikt unvermeidbar, die Christen werden durch den römischen Staatsapparat verfolgt und befinden sich in einer lebensbedrohlichen Lage (Offb 13,15). Nicht wenige werden in ihrer Treue zu Christus angefochten. Man könnte ja allen Gefahren aus dem Weg gehen, wenn man den Gottes- und Christusglauben aufgibt. Der Verfasser dieses Sendschreibens, Johannes, ein Wanderprophet, der in den Gemeinden von Kleinasien in hohem Ansehen stand, will mit diesem seinem Schreiben die schwierige Situation aus dem Glauben an den gekreuzigten und auferstandenen Christus deuten, will trösten und Mut machen, durchzuhalten. Das Heil ist allen gewiß, die Christus die Treue halten, auch wenn der äußere Anschein das Gegenteil vortäuscht. Das Leid ist immer ein Rätsel für uns Menschen, ein „Buch mit sieben Siegeln". Christus allein kann die Siegel dieses Buches öffnen, er allein, das „Lamm Gottes" ist dazu ermächtigt. Er allein ist befähigt, den Heilsplan Gottes mit den Menschen und der Welt durchzuführen. Der Gekreuzigte ist von den Toten auferstanden. Mit ihm hat die Zukunft Gottes, das Reich Gottes, unaufhaltsam begonnen. Wer Christus im Leid und inmitten einer gottfeindlichen Welt treu bleibt, gehört zu den Auserwählten, deren Glück einmal keine Grenzen kennt (Offb 7,1–7).

Die Jesuiten als Bauherren der Mannheimer Jesuitenkirche sahen zu ihrer Zeit im 18. Jahrhundert den Glauben ebenfalls angefochten: Zum einen: Der Schock über das Abendländische Schisma saß auch nach 200 Jahren noch sehr tief. Mannheim war damals zu zwei Dritteln calvinisch. Zum anderen: Der Jansenismus lehrte unter dem Schein besonderer Frömmigkeit und Strenge eine einseitige und überspitzte Erbsünden- und Gnadentheologie, nicht ohne Beeinflussung durch den Calvinismus; die calvinische Prädestinationslehre war in katholischem Gewand wieder erschienen. Ihr Gründer war der belgische Bischof Cornelius Jansen (1585–1638). Von ihm leitet sich die Bezeichnung „Jansenismus" ab. Die Jansenisten warfen gerade den Jesuiten eine zu laxe Moraltheologie vor. Sie selbst führten eine so rigoristische Sakramentenpraxis ein, daß sie dadurch den Durchschnittsgläubigen vom Empfang der Kommunion fern gehalten haben. Auch hatte der Geist der „Aufklärung" Europa erobert. In Deutschland machten ihn besonders die Philosophen Leibniz (1646–1716), Thomasius (1655–1728) und Wolff (1679–1754) heimisch. Im Namen der Vernunft kämpfte die Aufklärung für die Freiheit des Geistes und brach radikal mit den alten Traditionen. Als Folge brach ein jahrtausendaltes Weltbild zusammen. Aus der Geschichte der Neuzeit ist allerdings die Aufklärung nicht wegzudenken. Die Menschheit verdankt ihr auch sehr viel Positives: Die Abschaffung der Hexen- und Ketzerprozesse zum Beispiel oder der Folter im Gerichtswesen, der Diskriminierung Andersgläubiger im öffentlichen Leben und anderes mehr. Das sind Errungenschaften der Aufklärung. Ebenso haben die allgemeinen Menschenrechte und die freie Entfaltung der Wissenschaft in ihr ihre Wurzeln. Für das offenbarungsgebundene Christentum und für die katholische Kirche insbesondere beschwor jedoch der Rationalismus der Aufklärer eine der größten und gefährlichsten Krisen ihrer Geschichte herauf, so, wenn sie lehren: Das Wesentliche der Religion sei das Wissen um das Dasein eines „höchsten Wesens", die Hoffnung auf ein ewiges Leben und der Glaube an die Vergeltung; und darauf müsse das Christentum reduziert werden. Das aber wäre ein Christentum ohne Christus, ohne Offenbarung und ohne Erlösung. Die Religion wird dann zum rein humanitären Bildungsfaktor, oder Bildung zum Religionsersatz! Dieser „Deismus" drang in weiteste Schichten der Gebildeten ein. Besonders in Frankreich gebärdete er sich sehr kämpferisch. Was gläubigen Christen heilig war, überschütteten seine Vertreter mit Spott und Hohn. Voltaire (1694–1778) z.B. sagte der Kirche den Todeskampf an („ecrasez l'infame").

So verstanden sich die Jesuiten, als sie mit dem Kurfürsten Karl-Philipp nach Mannheim kamen, als „Missionarii Palatini". Sie sahen ihre Sendung darin, den katholischen Glauben wieder zu festigen und die Christen standfest zu machen gegen den unchristlichen Zeitgeist. Wieder sollte der Blick auf das Lamm mit dem Siegeszeichen des Kreuzes und dem Buch mit den sieben Siegeln die Besucher der „Jesuiten"- und Hofkirche in ihrer Treue zu Christus bestärken und ihnen Mut machen, am unverfälschten Glauben festzuhalten.

Wir haben den Verschaffelt-Altar wiederaufgebaut. Ist sein „Großes Thema" auch heute noch aktuell? Ich meine: so aktuell wie nie zuvor! Die Welt von heute und die Situation des christlichen Glaubens und der Kirche inmitten einer so noch nie dagewesenen säkularen Umwelt ist für viele Menschen und für viele Christen wieder ein „Buch mit sieben Siegeln". Eine in ganz Westeuropa schon lang andauernde Massenarbeitslosigkeit verbreitet Unsicherheit und Zukunftsangst. Wird der innere Friede und die soziale Absicherung für die Benachteiligten erhalten bleiben? Die Atomenergie, die Gen-Biologie, die Möglichkeit, Leben zu „klonen", wo führt das alles hin? Wird die Menschheit den technischen und wissenschaftlichen Fortschritt ethisch im Griff behalten? Woher aber nimmt der Mensch seine ethische Orientierung, wenn die Rückbindung an Gott und seine Gebote schwindet? Es ist ja nicht zu übersehen: In unserer säkularen gesellschaftlichen Umwelt „verdunstet" der Glaube, wie Wasser in der Wüste verdunstet. Oder wie sieht die Zukunft der christlichen Gemeinden aus, wenn z. B. Priester- und Ordensberufe immer mehr zurückgehen?

Für nicht wenige Christen ist die heutige Umbruchsituation in Gesellschaft und Kirche eine große Anfechtung im Glauben. Sie suchen in ihrer inneren Bedrängnis nach Antworten, die tragfähig sind und Hoffnung geben. Letztendlich aber ist Gott allein tragfähige Hoffnung. Zuversicht aus dem Glauben aber ist mehr als ein unreflektierter Optimismus. Wieder steht uns das Bild vom Lamm aus der Geheimen Offenbarung des Johannes vor Augen. Es allein kann die „versiegelte Welt" von heute lösen. Der gekreuzigte und auferstandene Jesus ist der Grund unserer Hoffnung und unserer Zuversicht in die Zukunft. „Wer an ihn glaubt und in diesem Glauben treu bleibt, resigniert nicht, sondern findet die Kraft zum mutigen Bekenntnis und zur Mitarbeit an einer unentwegten Erneuerung von Kirche und Gesellschaft gegen alle Widerstände und Rückschläge" (Bischof Karl Lehmann).

Der österliche Glaube und die Hoffnung aus diesem Glauben aber müssen bezeugt und verkündet werden. Über dem Tabernakel, auf der Mittelkonsole, stehen überlebensgroß unsere beiden Kirchenpatrone: der Heilige Ignatius von Loyola und der Heilige Franz Xaver. Ignatius gibt seinem Gefährten Franz Xaver den Reisesegen, da dieser sich vorgenommen hat, das Evangelium im Fernen Osten zu verkünden. Am 7. April 1541, an seinem 35. Geburtstag, macht sich Franz Xaver von Lissabon aus auf die Reise. Ein Jahr zuvor hatten sich Ignatius und seine Mitbrüder dem Papst für das Apostolat in „Heimat und Mission" angeboten und Paul III. hatte die „Gesellschaft Jesu" als Ordensgemeinschaft bestätigt. „Das Antlitz der Erde erneuern" – dazu wollten die Jesuiten ihren Beitrag leisten.

Im Gewölbe des Kirchenschiffs hatte Egid Quirin Asam die Vita des Heiligen Franz Xaver in herrlichen Fresken dargestellt. Auch das Leben des Heiligen Ignatius war in den Kuppelbildern festgehalten. Die Fresken der Kuppel sind durch Brandbomben zerstört worden, die Langhausfresken hat man leider nach dem Zweiten Weltkrieg abgeschlagen, da man damals keine Möglichkeit sah, die sehr beschädigten Bilder zu erhalten. Die Darstellung der beiden großen Jesuiten-Heiligen, der beiden Kirchenpatrone, die Aussendung des Franz Xaver durch den Ordensgründer Ignatius von Loyola in die Weltmission, im Zentrum des Hochaltares, bringt ikonographisch zum Ausdruck: Es ist Auftrag und Sendung der Kirche, die Botschaft Jesu Christi in die Welt zu tragen. Das Matthäus-Evangelium endet

Aussendung des hl. Franz Xaver durch den Ordensgründer St. Ignatius von Loyola (Friedrich Mayet)

mit dem „Missionsbefehl“. Der Auferstandene sendet die elf Apostel aus: „Geht nun und macht zu Jüngern alle Völker, sie taufend auf den Namen des Vaters und des Sohnes und des Heiligen Geistes, sie lehrend, alles zu wahren, was ich euch gewiesen. Und da! Ich bin mit euch durch das All der Tage bis zum Voll-Ende der Weltzeit“ (Mt 28,18-20).

Am Ende des Zweiten Jahrtausends erleben wir die Kirche im Umbruch. Die Priesterberufe nehmen in Westeuropa besorgniserregend ab. Das Allgemeine Priestertum aller Gläubigen aber tritt wieder deutlicher ins Bewußtsein. Das Zweite Vatikanische Konzil (1962–1965) und die Würzburger Synode (1971–1975) prägen ein neues Bild von Kirche. Wo immer Gemeinde sich realisiert, ist sie als ganze und mit allen ihren Gliedern mitbeteiligt an der Sendung der Kirche und ihren Diensten: an der Verkündigung, an der Liturgie und an der Diakonie. Das Petruswort gilt von der Gesamtheit der Gemeinde: „Ihr seid ein auserlesenes Geschlecht, ein königliches Priestertum, ein heiliger Stamm, ein Volk, bestimmt zum Eigentum, daß ihr die großen Taten dessen verkündet, der euch aus der Finsternis in sein wunderbares Licht gerufen hat, euch, die ihr einst ein Nichtvolk wart, nun aber Gottes Volk geworden seid, einst Nichtbegnadete, doch jetzt Begnadete“ (1 Petr 2,9 ff).

Zum Dienst der Verkündigung ist also die ganze Gemeinde, jeder getaufte Christ, der sich für Christus entschieden hat (gefirmt ist), berufen. Gerade auch in unserer heutigen säkularen gesellschaftlichen Umwelt und in einer Zeit voller Zukunftsangst ist es Aufgabe eines jeden überzeugten Christen, die Frohbotschaft durch sein Leben und durch sein Bekenntnis zu bezeugen. „Seid stets bereit, jedem Rede und Antwort zu stehen, der nach der Hoffnung fragt, die euch erfüllt“ (1 Petr 3,15). Diese Ermutigung im Ersten Petrusbrief ist wieder ganz heutig. Den Glauben weiterzugeben an die kommende Generation, suchende und fragende Menschen für den christlichen Glauben zu gewinnen, das ist mehr denn je das Gebot der Stunde. Papst Paul VI. ruft in der Enzyklika „Evangelii nuntiandi“ (1975) die Kirche auf, die moderne Welt zu evangelisieren.: „Evangelisieren besagt für die Kirche, die Frohbotschaft in alle Bereiche der Menschheit zu tragen und sie durch deren Einfluß von innen her umzuwandeln und die Menschheit selbst zu erneuern.: „Seht ich mache alles neu!“ (2 Kor 5,17 und EN 18) Allerdings sagt der Papst auch: „Es gibt aber keine neue Menschheit, wenn es nicht zuerst neue Menschen gibt durch die Erneuerung aus der Taufe und ein Leben nach dem Evangelium.“ (EN 18)

Bischof Karl Lehmann äußert sich in einer geistlichen Meditation so: „Wir brauchen viele Mitstreiter, um aus dem Glauben heraus eine neue Welt für die Menschheit im Dritten Jahrtausend mit aufzubauen. Mitläufertum reicht nicht mehr. Das gelebte Zeugnis der Hoffnung wird wieder wichtiger. Einrichtungen und Institutionen, die unsere Hoffnung nicht weit hinaustragen, müssen auf den Prüfstand. Der Zeuge ist bei allem Einsatz jedoch nicht fanatisch, vielmehr vertraut er der Kraft des Geistes: der Orientierung, dem Beispiel, dem Vorbild, dem dialogischen Wort, dem Argument. Nur so können wir heute und künftig Zeugen sein: Boten der Frohbotschaft Gottes für unsere kleine und große Welt. Nur so sind wir ohne großes Getue missionarisch und werben bei jung und alt, Nichtglaubenden und Kirchendistanzierten für eine Hoffnung, die alle im Grunde ihres Herzens suchen. Diese Hoffnung kann auf die Dauer nicht namenlos sein, sondern ist eine Person: Jesus Christus. Er ist der treue Zeuge Gottes. In seiner Nachfolge gibt es Hoffnung gegen alle Hoffnung.“

Links von den beiden Kirchenpatronen kniet ein Engel mit einem aufgeschlagenen Buch, das den Leitspruch des Jesuitenordens in goldenen Lettern enthält: „Ad maiorem Dei gloriam“, „Zur größeren Ehre Gottes!“ Es geht nicht um die Kirche, sie ist nur Mittel und Werkzeug, oder anders ausgedrückt, Sakrament für das Heil der Welt. Wir leben unseren Glauben und bezeugen ihn in unserer säkularen Gesellschaft, weil wir so mitwirken dürfen am Heil der Welt, das Gott allen Menschen

Hochaltar, Engel mit Leitmotiv des Jesuitenordens:
„AD MAJOREM DEI GLORIAM" (Zur größeren Ehre Gottes) (Friedrich Mayet)

durch Jesus Christus schenken will. Und letztlich dient das alles „zur größeren Ehre Gottes" (Ignatius von Loyola).

Zwischen den Säulen, auf der linken Konsole, steht die „Ekklesia", eine weibliche Symbolfigur für die Kirche, mit dem Kreuz und dem Kelch in den Händen: Die Botschaft der Kirche ist die Botschaft vom Kreuz: „Wir dagegen verkünden Christus als den Gekreuzigten: für Juden ein empörendes Ärgernis, für Heiden eine Torheit, für die Berufenen aber, Juden wie Griechen, Christus, Gottes Kraft und Gottes Weisheit (1 Kor 1,23-24). Der Kelch weist hin auf die Eucharistie. In der Emmauserzählung hält das Lukasevangelium die Glaubenserfahrung fest, daß der auferstandene Jesus mit seiner Kirche „auf dem Weg durch die Zeit" ist und daß er in der eucharistischen Mahlfeier sakramental inmitten seiner Gemeinde wirk-

Hochaltar-Gloriole mit Anbetungsengeln und Hl.-Geist-Taube (Friedrich Mayet)

mächtig anwesend ist. „Und so nahten sie sich dem Dorf, wohin sie wanderten. Und da tat er, als wolle er noch weiter wandern. Sie aber drängten ihn und sagten: Bleib mit uns! Es geht ja gegen Abend und schon geneigt hat sich der Tag. Und er ging hinein, um mit ihnen zusammenzubleiben. Und es geschah: Als er sich mit ihnen zu Tisch gelagert, nahm er das Brot und sprach die Preisung, brach es und gab es ihnen. Da wurden ihre Augen erschlossen , und sie erkannten ihn" (Lk 24, 28-31). Dieses Bild von der Brotbrechung in Emmaus hat Verschaffelt in der großen Tabernakeltür dargestellt.

Rechts vom Tabernakelhaus steht die „Asia", die Symbolfigur für die Menschen, die auf die Botschaft des Evangeliums warten. Das „Indianer-Kind" an der Hand der Mutter zeigt fragend und erwartungsvoll auf den Heiligen Franz Xaver. Die Welt sehnt sich nach der Frohbotschaft. Wer sich in den Dienst dieser Frohbotschaft stellt, dem ist der Beistand des Heiligen Geistes verheißen. „Der Beistand aber, der Heilige Geist, den der Vater in meinem Namen senden wird, der wird euch alles lehren und euch an alles erinnern, was ich euch geboten habe." (Joh 14,26) In der Gloriole weist Verschaffelt auf diese Verheißung hin: In Gestalt einer Taube kommt Gottes Geist auf den knienden Franz Xaver herab.

Im Chorgewölbe nimmt der Künstler und Bildhauer das apokalyptische Bild aus dem 5. Kapitel der Offenbarung des Johannes wieder auf: Zeichenhaft ist zu sehen „der sitzt auf dem Thron" (Offb 5,1), angedeutet durch das gleichschenklige Dreieck im goldenen Strahlenkranz. Alles insgesamt ein großartiges Szenario, wie ich finde, ein Bild für die Heilsgeschichte und die Sendung der Kirche im Dienst am Kommen des Reiches Gottes.

Ausdruck des konziliaren Kirchenbildes ist die Liturgiereform. Der Priester, der in der Gemeinde Christus, das Haupt der Gemeinde repräsentiert, steht bei der Feier der Eucharistie der Gemeinde zugewandt. Die Gemeinde versammelt sich um den Altar. Die ganze Gemeinde ist mit ihrem Herrn vereint und gedenkt in der Feier der Eucharistie seines Todes und seiner Auferstehung und bekommt durch diese Feier des Ostermahles Anteil an der Auferstehung. Mit ihren unterschiedlichen Charismen, Diensten und Ämtern tragen alle getauften und gefirmten Mitglieder der Gemeinde zum Aufbau des Leibes Christi bei und dienen der Sendung der Kirche für die Welt. Die Vielfalt der Dienste am Aufbau der Gemeinde, die gemeinsame Berufung aller zum Zeugnis für das Evangelium und zum Bruderdienst findet auch ihren Ausdruck in der Feier der Eucharistie, welche die Mitte ist, aus der die Kirche lebt und von der her sie aufgebaut und geeint wird. Gemeindemitglieder verkünden das Wort Gottes als Lektoren, singen das Lob Gottes als Kantoren oder Sängerinnen und Sänger in Schola oder Kirchenchor, helfen mit bei der Austeilung der eucharistischen Gestalten oder bringen den Leib des Herrn zu den Kranken.

So ist also seit der Liturgiereform des Zweiten Vatikanums der Zelebrationsaltar der Tisch, um den sich die Gemeinde zur eucharistischen Mahlfeier versammelt, so ist der Ambo der Ort, von dem aus das Wort Gottes der versammelten Gemeinde

Kleine Tabernakeltür am Hochaltar (Original von Peter Anton von Verschaffelt)

verkündet wird. Professor Klaus Ringwald aus Schonach im Schwarzwald ist es hervorragend gelungen, mit seinem Zelebrationsaltar, dem Ambo, dem Osterleuchter, den Sedilien und dem Fußboden zeitgenössische und, wie ich meine, zeitlos wertbeständige Kunstwerke zu schaffen. Die vier großen Altarleuchter geben dem Zelebrationsaltar seinen Ort und machen deutlich, wo die Mitte der liturgischen Feier ist, durch sie bekommt der „Volksaltar" Gewicht gegenüber dem mächtigen Barockaltar. In den vier Silberreliefs am Zelebrationaltar werden die großen Glaubensgeheimnisse ins Bild gesetzt: Die Taufe Jesu, die Kreuzigung, das Osterereignis und die Geistsendung an Pfingsten. In den Porträts im Boden sind dargestellt: Papst Johannes XXIII., dem das Zweite Vatikanische Konzil und die Liturgiereform zu verdanken ist, Pater Alfred Delp SJ, der in dieser Kirche getauft wurde, und Prälat Josef Bauer, der unter diesem Altar seine Grabstätte hat. Dr. Rolf Legler würdigt und deutet in seinem Beitrag diese beachtenswerten Arbeiten von Klaus Ringwald ausführlich.

Es erforderte nicht wenig Mut, sich in heutiger Zeit für die Rekonstruktion eines barocken Hochaltares dieser Größe, dieser architektonischen und künstlerischen Qualität, wie es der Mannheimer Verschaffelt-Altar einmal war, zu entschließen. An Einwänden fehlte es nicht: Darf man aus kunsthistorischer Sicht ein nicht mehr existierendes Kunstwerk rekonstruieren? Ist es nicht richtiger und zeitgemäßer, heutige Künstler zu beauftragen, diesen einstmals barocken Chorraum mit zeitgenössischer Kunst zu gestalten? Es existieren vom alten Hochaltar nur noch Amateurfotos; wird man überhaupt in der Lage sein, mit Hilfe dieser Bilder brauchbare Baupläne für eine exakte Rekonstruktion zu erstellen? Findet man in unserer Zeit noch Handwerker und Bildhauer, die im Geiste des Barock einen solchen Auftrag ausführen können? Rekonstruieren heißt, auch im Material dem Original treu bleiben. Die Steinbrüche an der Lahn sind aber längst geschlossen, gibt es noch den Lahnmarmor in ausreichender Menge? Die Kosten für ein solches Projekt werden enorm hoch sein, da sehr viel Handarbeit erforderlich ist. Vor zehn Jahren wurden die Kosten für die Altarrekonstruktion auf 2,4 Millionen DM geschätzt, am Ende stehen jetzt Kosten in Höhe von 6,6 Millionen DM an. Ist es zu verantworten, soviel Geld für sakrale Kunst auszugeben? Wird man für ein solches Vorhaben genügend Spendengelder zusammenbringen? Als Folge der Liturgiereform des Zweiten Vatikanischen Konzils hat der Hochaltar seine liturgische Funktion verloren. Die Eucharistie wird „versus populum" gefeiert, es ist also ein „Zelebrationsaltar" erforderlich. Warum also einen Hochaltar rekonstruieren, der keine liturgische Funktion mehr hat? Sehr umstritten war insbesondere die Rekonstruktion der Hochaltarfiguren, da viele Kunstsachverständige es für unmöglich ansahen, einen so bedeutenden Bildhauer wie Peter Anton von Verschaffelt anhand von nur eindimensionalen und mangelhaften Fotovorlagen zu kopieren. Das zuständige Landesdenkmalamt vertrat lange die Auffassung, man sollte auf das Figurenprogramm gänzlich verzichten und nur den Hochaltarretabel wieder herstellen. Das würde aber heißen, man verzichtet auch auf die Darstellung der beiden Kirchenpatrone Ignatius von Loyola und Franz Xaver, und man akzeptiert, daß das „Große Thema" des Hochaltares nicht mehr zur Sprache kommt.

In der entscheidenden Sitzung vom 28. Juli 1986 einigte man sich schließlich auf den Kompromiß einer „schöpferischen Kopie". Was darunter zu verstehen ist, formulierte der damalige Präsident des Landesdenkmalamtes Baden-Württemberg, Professor Dr. Gebeßler: „Entscheidend ist, eine Sprache der Nachbildung anzustreben, die – orientiert an verfügbaren Fotovorlagen – die Grundelemente der barocken Skulptur aufnimmt, aber nicht eine exakte Nachbildung versucht, die dann der Gefahr des 'Danebengeratens' ausgesetzt ist." Ausschlaggebend für diesen Kompromißvorschlag war die Einsicht, daß man der Kirchengemeinde die Darstellung ihrer Kirchenpatrone nicht verweigern sollte und daß man dem Hochaltar seine heilsgeschichtliche und pastorale Aussage nicht nehmen wollte.

Hochaltar, Originale Tabernakeltür von Peter Anton von Verschaffelt. Dargestellt ist das Emmausmahl

Fragen über Fragen! Die letztverantwortlichen Mitglieder des Pfarrgemeinderates waren und sind keine Kunsthistoriker und keine Kunstexperten. Sie mußten sich informieren, beraten lassen und dann letztendlich entscheiden. Heute dürfen wir sagen: Sie haben sich richtig entschieden. Die Rekonstruktion ist gelungen, die Jesuitenkirche hat wieder ihre innenarchitektonische Mitte und ihre theologische Aussage, Mannheim hat wieder ein Stück historischer Identität zurückerhalten. Diese Rekonstruktion ist eine großartige und anerkennenswerte architektonische, handwerkliche und bildhauerisch-künstlerische Leistung.

Kaum nahm der Hochaltar Konturen an, stellte sich die Frage nach der Rekonstruktion der kurfürstlichen Hoflogen. Anläßlich eines Besuches sprachen sich der Kunsthistoriker Prof. Hermann Brommer aus Freiburg und der Kirchenmaler Prof. Wolfram Köberl aus Innsbruck sehr dafür aus. Diese Hoflogen charakterisieren dieses Gotteshaus als die ehemalige Große Hofkirche der Kurfürsten von der Pfalz, und sie runden das „theatrum sacrum" des Chorraumes insgesamt ab. Sie gehören aus historischer und architektonischer Sicht zu diesem Kirchenraum. Durch das Angebot der Schreinerinnung Mannheim, diese Logen mit der Fachkompetenz des Schreinerhandwerks in ihrem Ausbildungs- und Technologiezentrum zu fertigen, ergab sich eine Chance, auch diese Rekonstruktion zu realisieren.

Am Fest der Altarweihe ist der Chorraum unserer Jesuitenkirche fast vollendet. Es fehlen noch die unteren Chorlogen, zu deren Wiederherstellung wir uns sozusagen „in letzter Minute" entschlossen haben. Auch sie vervollständigen das „theatrum sacrum" des Chorraumes. Die Planung dieser Logen ist an den bewährten Architekten Klaus Gräf in Heidelberg in Auftrag gegeben worden. Wir hoffen, daß sie im Laufe des Jahres 1997 noch eingebaut werden können.

Am Fest der Altarweihe ist es nun dem Pfarrer und dem Pfarrgemeinderat ein Anliegen, zu danken. Als erstem gebührt dem Vorsitzenden des „Fördererkreises zur Wiederherstellung der Jesuitenkirche Mannheim e.V.", Herrn Oberamtsrat a.D. Herbert S. Koch ein herzliches Wort der Anerkennung und des Dankes. Seit dem Jahre 1962 hat er sich die Rekonstruktion des Hochaltares in der Mannheimer Jesuitenkirche zum Ziel gesetzt. Hartnäckig hielt er an dieser Vision fest, auch wenn er anfangs fast nur auf Unverständnis und Widerstand stieß. Als mir im Herbst 1984 als Pfarrer der „Oberen Pfarrei" auch die Jesuitenkirche anvertraut wurde, bat nach wenigen Tagen Herr Koch um ein Gespräch, in dem er mich für dieses Projekt zu gewinnen suchte. Das Hauptproblem war die Finanzierung und die Befürwortung durch die Denkmalpflege. Herr Koch erreichte auf der politischen Schiene im Jahre 1986 den Durchbruch. Er knüpfte Kontakte zum ehemaligen Ministerpräsidenten des Landes Baden-Württemberg, Dr. Hans Filbinger, der sich seinerseits bei vielen Landespolitikern für dieses Vorhaben einsetzte. Allen Mannheimer Landtagsabgeordneten schickte Herr Koch Bilder von der Jesuitenkirche vor der Zerstörung im Zweiten Weltkrieg und nach dem Wiederaufbau ohne Hochaltar. Am 28. Mai 1986 kam es dann auf Initiative der Mannheimer Landtagsabgeordneten Dr. Helmut Münch (SPD) und Gerhard Bloemecke (CDU) zu dem einstimmigen Landtagsbeschluß, „die Landesregierung zu ersuchen, zur Wiederherstellung des Hochaltares in der Mannheimer Jesuitenkirche einschließlich der zum Hochaltar gehörenden Figurengruppen den denkmalpflegerischen Landeszuschuß in Höhe von 33 Prozent zu gewähren." Es war geschafft! Im Erzbischöflichen Ordinariat Freiburg hatte Herr Koch immer um Zustimmung für die Realisierung seiner Vision gebeten. Nach dem positiven Landtagsbeschluß erklärte sich auch das Erzbistum bereit, ein weiteres Drittel der Kosten aus Diözesanmitteln zu übernehmen. Das verbleibende Drittel mußte aus Spenden finanziert werden. Es kam zur Gründung des Fördererkreises, dessen Vorsitz Herr Koch übernahm. Seine Idee war es auch, den Vorstand des Fördererkreises durch ein Kuratorium zu ergänzen, in dem Persönlichkeiten aus Politik und Wirtschaft Mitglied werden sollten, um für das Projekt Hochaltarrekonstruktion in der Öffentlichkeit zu werben. Prominentestes Mitglied in diesem Kuratorium ist Bundeskanzler Dr. Helmut Kohl, ein großer Freund der Mannheimer Jesuitenkirche. Herr Koch warb unermüdlich um Spenden und entwickelte unglaubliche Phantasie, um an Geld zu kommen. In diesen zehn Jahren konnte der Fördererkreis rund 3,3 Millionen DM an Spenden für Hochaltar, Hoflogen, Chorboden und Zelebrationsaltar mit Ambo, Leuchtern und Sedilien verbuchen. Wenn wir heute auch die wiedererstandenen kurfürstlichen Hoflogen bewundern dürfen, dann ist das fast ausschließlich der hartnäckigen Überzeugungsarbeit von Herbert S. Koch zu verdanken, der anfangs fast als einziger sich dafür einsetzte und schließlich die Unterstützung bei Prof. Brommer und Kirchenmaler Köberl fand. Man kann mit Recht und ohne Übertreibung sagen: Herr Koch war und ist der Motor dieser Rekonstruktionen von Hochaltar und Hoflogen.

Ausdrücklich bedanken will ich mich auch bei den schon genannten Mannheimer Landtagsabgeordneten Gerhard Bloemecke und Dr. Helmut Münch, die in ihren Fraktionen Überzeugungsarbeit leisteten. Ihnen ist der wohl einmalige Landtagsbeschluß vom 28. Mai 1986 zu verdanken. Auch haben sie sich immer wieder für uns eingesetzt, wenn auf der politischen Ebene Klärungsbedarf entstand. Ebenso gebührt ein herzliches Dankeswort dem Ministerpräsidenten a.D. Prof. Dr. Hans Filbinger, dem als geborener Mannheimer unser Projekt ein persönliches Anliegen wurde und der seine Verbindungen immer wieder für uns einsetzte.

Ohne die tatkräftige und wohlwollende Unterstützung des Erzbischöflichen Ordinariates wäre das Vorhaben nicht zu verwirklichen gewesen. Als Oberbehörde muß das Ordinariat ein solches Bauprojekt genehmigen und begleiten. Das Erzbistum hat aus Diözesanmitteln mit einem Drittel der Kosten die Wiederherstellung des Hochaltares finanziell unterstützt, zusätzlich aber auch die Rekonstruktion der Hoflogen, die Leuchter, den Ambo, die Sedilien, das Vortragekreuz bezuschußt und für die notwendig gewordene Erneuerung der Heizungsanlage ein verbilligtes Darlehen gewährt. Unser Dank gilt also dem Herrn Erzbischof Dr. Oskar Saier, dem Herrn Generalvikar Dr. Otto Bechtold und dem Baureferenten des Erzbistums Freiburg, Herrn Dr. Bernd Mathias Kremer. In diesem Zusammenhang möchten wir auch dankbar erwähnen, daß der große Mannheimer Kunstmäzen Heinrich Vetter die Kosten für den Zelebrationsaltar und für die Engel am Kreuzaltar übernommen hat.

Auch die Denkmalstiftung des Landes Baden-Württemberg hat mit einem Betrag von DM 475.000 die Hochaltarrekonstruktion unterstützt, wofür ich mich an dieser Stelle besonders bei dem Stiftungsvorsitzenden Hans Freiländer bedanken will. Als Mannheimer hat er sich in seinen Gremien für uns stark gemacht. Dankbar sind wir auch für die Unterstützung der Rekonstruktion des Hochaltares und der kurfürstlichen Hoflogen durch das Bundesministerium des Innern aus Mitteln des nationalen Denkmalschutzprogrammes mit einer Zuwendung in Höhe von DM 538.000 für die Jahre 1995 und 1996.

Undurchführbar aber wäre das ganze Vorhaben gewesen ohne die vielen großen und kleinen Spenden, die der Fördererkreis verbuchen durfte. Es haben sich Firmen und Geschäftsleute beteiligt, aber auch viele Privatleute, alte Menschen, junge Familien und Studenten, Katholiken und Nichtkatholiken. Die Jesuitenkirche hat unter der Mannheimer Bürgerschaft und in der ganzen ehemaligen Kurpfalz viele Freunde, die sich freuen, daß dieses Gotteshaus wieder seine ursprüngliche Ausstattung bekommen hat. Andere sehen in dieser Kirche ein Kulturdenkmal, das der Stadt Mannheim ein Stück geschichtliche Identität gibt. Es ist unmöglich, an dieser Stelle alle Spender, Sponsoren und Mäzene aufzuzählen. Aber alle sollen wissen, daß wir ihnen sehr zum Dank verpflichtet sind und daß wir das „Scherflein der armen Witwe" genauso schätzen wie alle großen Zuwendungen aus Industrie und Wirtschaft.

Gedankt sei ausdrücklich auch dem Bachchor an der Christuskirche, der unter der Leitung seines Dirigenten Hermann Schäffer mit drei ausverkauften Benefizkonzerten auf seine Weise zur Finanzierung der Hochaltarrekonstruktion beitrug. Wir sehen darin ein erwähnenswertes Zeichen ökumenischer Verbundenheit. Ebenso haben die katholischen Kirchenchöre Mannheims und der Singkreis Seckenheim mit Benefizkonzerten einen Beitrag geleistet. All diese Konzerte aber dienten nicht nur dem guten Zweck, sie waren auch gesellschaftliche Ereignisse, die die Rekonstruktionsarbeiten in unserer Jesuitenkirche weit über Mannheim hinaus bekannt gemacht haben.

Immer wohlwollend unterstützt haben uns auch die Medien, der Mannheimer Morgen, die Rhein-Neckar-Zeitung, Radio Regenbogen, das Rhein-Neckar-Fernsehen. Sie haben das Projekt engagiert begleitet und über die einzelnen Schritte stets aufs Neue berichtet. So war die Öffentlichkeit jederzeit auf dem Laufenden. Besonders der Süddeutsche Rundfunk hat im Film den ganzen Wiederaufbau des Hochaltares dokumentiert. Allen Verantwortlichen dieser Medien ganz herzlichen Dank!

Zwischen dem Bauherrn und den Architekten, Oberbaudirektor Egmont Reis vom Erzbischöflichen Bauamt Heidelberg,betraut mit der Gesamtleitung, und Freier Architekt Klaus Gräf in Heidelberg, beauftragt mit Planung und Projektleitung, entstand in diesen Jahren ein freundschaftliches Verhältnis. Vielleicht war das mit entscheidend für das Gelingen dieses großen Projektes. Es ist sicher nicht ungewöhnlich, daß sich bei einem solchen Vorhaben immer wieder Kritiker zu Wort melden; da ist es wichtig, daß sich Bauherr und Architekten gegenseitig vertrauen und abstimmen. Als Vertreter des Bauherrn, des Katholischen Stiftungs- und Pfarrgemeinderates, sage ich den beiden Architekten ausdrücklich für die gute und vertrauensvolle Zusammenarbeit Dank.

Das Landesdenkmalamt Baden-Württemberg tat sich zunächst schwer, der Rekonstruktion des Hochaltares zuzustimmen, da es seine Aufgabe in erster Linie darin sieht, die Mittel aus dem Denkmalschutzprogramm für die Pflege oder für den Erhalt der noch existierenden Kulturdenkmäler einzusetzen. Nachdem aber der Landtag als oberstes gesetzgebendes Gremium der Rekonstruktion zugestimmt hatte, kam es zu einer korrekten und sachlichen Zusammenarbeit, wofür wir dankbar sind.

Hohe Anerkennung gebührt besonders den Handwerkern und Bildhauern, die mit innerer Begeisterung bei der Sache waren. So ein Auftrag war ja auch für sie einmalig. Sie haben alle höchste Qualität gebracht. Die beteiligten Firmen seien hier empfehlend genannt:

Hochaltarrekonstruktion:
Marmor und Natursteinarbeiten
Engelbert Müller, Villmar/Lahn
Stuckarbeiten
Jakob Schnitzer und Sohn, Augsburg
Vergoldungs- und Faßarbeiten
Georg Hatzelmann Nachfolger Alfred Binapfl, Friedberg/Bayern
Galvanische Vergoldungsarbeiten
Werkstätte für Sakrale Kunst Ulrich Dochtermann, Augsburg
Girlandentragende Engel
Dr. Hatto Zeidler, Heidelberg
Figuren in der Gloriole, Hauptfigurengruppen auf der Mittelkonsole
Holzschnitzarbeiten: Friedrich Mayet, Oberammergau;
Engelsköpfe in Bronze: Josef Müller, Tannheim/Tirol und Kunstgießerei Kollinger, Elchingen

Zelebrationsaltar, Leuchter, Ambo, Sedilien und Fußboden im Chorraum
Entwurf und Gestaltung: Bildhauer Professor Klaus Ringwald, Schonach; Kunstgußarbeiten: Hans Mayr, München; Marmorarbeiten: Engelbert Müller, Villmar/Lahn

Daß die prächtigen kurfürstlichen Hoflogen wiedererstanden sind, ist, wie bereits gesagt, auch dem Vorschlag der Schreinerinnung Mannheim zu verdanken, diese Arbeit im Bildungs- und Technologiezentrum (BTZ) der Handwerkskammer Mannheim auszuführen. Wir bedanken uns ganz herzlich bei dem Präsidenten der Handwerkskammer, Herrn Herbert Gutfleisch, und bei ihrem Hauptgeschäftsführer, Herrn Gustav Busch, die zu diesem Vorschlag ihre Zustimmung gaben. Unter der Gesamtverantwortung der Obermeister der Schreinerinnung, den Herren Alfred Glocker und später Helmut Katz, wurde Schreinermeister Herbert Klein, Ausbilder am BTZ, mit der Planung und Fertigung dieser Logen beauftragt. Die Schnitzarbeiten fertigten die Lothringer Schnitzermeister Rudolphe Baillet aus Phalsbourg und Louis Freyd aus Eschau bei Straßburg, da die Mannheimer Innung mit der Schreinerinnung Metz-Sarrebourg partnerschaftliche Kontakte pflegt. Ich erinnere mich gut an die erste Begegnung mit dem heute über achtzigjährigen Rudolphe Baillet, der voller Freude zum Ausdruck brachte, daß es für ihn als Franzose eine große Ehre sei, in dieser bedeutenden Kirche arbeiten zu dürfen. Wir danken allen Beteiligten an dieser anspruchsvollen Rekonstruktion, besonders den beiden Obermeistern, dem „Meister Klein“ und den Freunden aus Elsaß/Lothringen. Auch diese Logen sind nach ihrer Vollendung nicht mehr aus dem Kirchenraum wegzudenken. Die Vergoldungsarbeiten lagen wieder in den bewährten Händen der sehr qualifizierten Mitarbeiter der Firma Hatzelmann/Binapfl.

Wir dürfen, wie ich denke, alle stolz sein auf das gelungene Werk. Die Mannheimer Innenstadt wurde im Zweiten Weltkrieg fast völlig dem Erdboden gleichgemacht. Diese Stadt war einmal reich an barocken Gebäuden und Kunstdenkmälern. Viele Barockbauten sind heute nicht mehr vorhanden. Mit der Jesuitenkirche hat diese Stadt wieder ein Stück ihrer historischen Identität und ein beachtenswertes barockes Kunstdenkmal zurückerhalten. Als Gotteshaus ist die Jesuitenkirche für viele aus nah und fern ein Ort der religiösen Besinnung und eine Stätte, in der die christliche Gemeinde sich gerne versammelt, um ihren Glauben zu feiern und in den Sakramenten die Nähe Gottes zu erfahren. Mögen die wiedererstandenen und neugeschaffenen Kunstwerke allen Gläubigen und allen nach religiöser Beheimatung Suchenden helfen, Gott zu finden. Sie sind Zeugnisse des christlichen Glaubens und haben eine Botschaft auch an den heutigen Menschen.

Daß dies alles möglich war, ist ein erstaunliches gemeinschaftliches Werk von vielen Bürgern dieser Stadt und von vielen Freunden dieser Kirche aus der ganzen ehemaligen Kurpfalz. Ich bin mir heute sicher, bewußt oder unbewußt hat das Leitmotiv des Heiligen Ignatius von Loyola sehr vielen Spendern und Mäzenen, ganz besonders auch den Architekten, Handwerkern und Künstlern Ansporn gegeben: „Omnia ad maiorem Dei gloriam – Alles zur größeren Ehre Gottes.“

Mannheim, im März 1997

Msgr. Dekan Horst Schroff
Pfarrer der Oberen Pfarrei St. Ignatius und St. Franz Xaver Mannheim

DAS WUNDER VON MANNHEIM ODER: DIE ZWEI HAUPTALTÄRE DER EHEMALIGEN JESUITENKIRCHE

Rolf Legler

DEN KUNSTHISTORIKERN EIN PROBLEM

Am 16. April 1988, genau um 20 Uhr, war die Mannheimer Jesuitenkirche St. Ignatius und St. Franz Xaver Schauplatz eines denkwürdigen Ereignisses. Restaurator H. Volker Dursy präsentierte persönlich sein Modell (Maßstab 1:10) vom neuen alten Hauptaltar der interessierten Kirchengemeinde der Oberen Pfarrei. Der länger zurückliegende Grund für diese Präsentation im April 1988 hat zwei präzise Daten: die Nacht vom 5. auf den 6. September 1943 und die Mittagszeit vom 13. Januar 1945. Damals wurde während zweier katastrophaler Luftangriffe die ehemalige Hofkirche der Kurfürsten von der Pfalz und Stammkirche der Jesuiten von Mannheim schwer beschädigt.

Nur kurz drohte die nächste Gefahr, nämlich der vollständige Abriß der Ruinen zugunsten eines völligen Neubaus. Die Entsendung von drei Jesuitenpatres nach Mannheim im Jahre 1947, um die Erzbischof Dr. Konrad Gröber den Jesuitenprovinzial zur Unterstützung des alternden Prälaten Josef Bauer gebeten hatte, bannte diese Gefahr sehr rasch. Pater Meßbacher SJ hielt demonstrativ Gottesdienst in den Ruinen, um das Gotteshaus zu retten und um die Gemeinde wieder in dieser Kirche zu sammeln.

Nachdem 1960 zum 200jährigen Kirchweihjubiläum der Wiederaufbau der Kirche weitgehend abgeschlossen war, drängte sich die bis dato zurückgestaute Frage nach der künftigen Innenraumgestaltung in den Vordergrund. Das Hauptinteresse galt dabei der Chorraumgestaltung. Zu diesem Zeitpunkt eröffnete sich eine lebhafte und engagierte Diskussion, bei der Gegner einer originalgetreuen Rekonstruktion auf der Chance einer Neugestaltung beharrten und auf die Einhaltung der gebotenen Richtlinien des Zweiten Vatikanums verwiesen.

Den Befürwortern der Originallösung stand im wesentlichen nur ein einziger Satz zur Seite. Diesen ad nauseam strapazierten Satz verdankten die Befürworter einer unangefochtenen Kapazität in Sachen Kunstverstand, Georg Dehio. Wer auch immer sich ernsthaft mit der Mannheimer Jesuitenkirche befaßt hatte, Wagenmann (1919), Barth (1933), Schühly (1957), Zeidler (1981) oder Lindner (1988), führte Dehios Satz zur Bestätigung der kunsthistorischen Bedeutung der Jesuitenkirche im Munde. Kritisch hatte niemand seinen Dehio gelesen; die Befürworter wollten dies aus verständlichen Gründen nicht, und die Gegner wagten es offensichtlich nicht, die Kompetenz Dehios in Frage zu stellen.

Der neugestaltete Chorraum mit bereits aufgestellten Architrav-Engeln (Dr. Hatto Zeidler), Gloriolen- und Hauptgruppe (Friedrich Mayet)

Reichen wir das Versäumte nach.

Dehio hatte 1911 in der ersten Auflage seiner „Kunstdenkmäler Deutschlands“, Bd. 4, die Mannheimer Jesuitenkirche als „die bedeutendste Barockkirche im Südwesten Deutschlands“ bezeichnet. In späteren Auflagen hat er diesen Satz nie mehr geändert, nichts weggenommen und nichts hinzugefügt. Auch in seiner vierbändigen „Geschichte der Kunst Deutschlands“ änderte er seine Einschätzung nicht. Während aber in seinen „Kunstdenkmälern“ der nachfahrend ständig zitierte Satz immerhin noch Teil einer insgesamt gut halbseitigen sachlichen Besprechung ausmacht, reduziert sich die Notiz der Mannheimer Jesuitenkirche in der „Kunstgeschichte“ auf lediglich einen einzigen Satz.

Aus dem Inhalt und seiner textlichen Einbindung bzw. zwischen der Aussage „bedeutendste Barockkirche in SW-Deutschland“ und seiner tatsächlichen Wertschätzung im kunsthistorischen Kontext ergibt sich eine klare Dichotomie, die sich bei genauer Betrachtung leicht auflöst.

In seiner „Geschichte der Kunst“ räumt Dehio einer anderen Barockkirche im süddeutschen Raum, nämlich der Theatinerkirche St. Kajetan in München (1663–1675) über eine halbe Seite ein, die Mannheimer Hofkirche (1733–1760) ist ihm nur die Erwähnung in einem einzigen Satz wert. Diese Gewichtung ist meines Erachtens enthüllend. Die Einschätzung erfolgt nach strikt kunsthistorischen Kriterien. Was damit gemeint ist, offenbart die Exegese der Beschreibung in den „Kunstdenkmälern". Der immer wieder zitierte Satz heißt nämlich im vollständigen Wortlaut: „Ohne Konkurrenz die bedeutendste Barockkirche in SW-Deutschland", d.h. in dem von Dehio definierten geographischen Raum gibt es keine andere bedeutende Barockkirche! Der vermeintliche Superlativ „bedeutendste Barockkirche" ist kein solcher, sondern lediglich die Feststellung eines Faktums. Im fortlaufenden Text wird sogar nobel verhaltene Kritik erkennbar. Das im Vergleich zum Vorbild Il Gesù kürzere Langhaus steigere zwar die dominierende Wirkung der Kuppel, dadurch entstehe aber „ein höchst großartiger und eigentümlicher (durch langen Aufenthalt in Deutschland beeinflußter?) Rhythmus des Raumes". Außerdem leide die Fassade an einer „Überfülle der Motive" und letztere behandele „die Türme doch nur als Aufsätze". Die Stuckdekoration und Freskierung unter der Leitung von Egid Quirin Asam sei „für die Wirkung etwas zu leicht gehalten", oder m.a.W., sie könne sich gegen die übermächtige Architektur und deren Glieder nicht durchsetzen.

Immerhin gestehen selbst Panegyriker der Mannheimer Jesuitenkirche gerne ein, daß der Bau in seinem süddeutschen und zeitlichen Kontext eine Außenseiterposition einnehme (Lindner) bzw. einen obsoleten Typus vertrete (Zeidler).

Das Unbehagen der klassischen Kunstgeschichte an dem Bauindividuum Jesuitenkirche erklärt sich aus der Geschichte der Kunstwissenschaft, durch deren Weg von einer ursprünglich hermeneutischen zu einer quasi naturwissenschaftlichen Disziplin. Mit Stilkritik, Vermessen von Proportionen und Zählen von Fakten kommt man aber einem gewachsenen Wesen, wie eine Kirche es nun einmal ist, nicht näher, man erklärt an ihrem substantiellen Grundanliegen vorbei. Am Anfang der achtziger Jahre wurde versucht, mit formalästhetisch-kunsthistorischen Methoden die Kirche „fachgerecht" aufzuarbeiten und der Mannheimer Jesuitenkirche eine bisher versäumte Rangerhöhung zukommen zu lassen, was aber nicht gelingen konnte, weil inadäquate und damit mangelhafte Kriterien eine Kirche nicht erklären können. Ebenso wie der barocke Chor ohne seinen barocken Hochaltar unvollständig wäre, so wenig befriedigt eine im Formalen steckenbleibende Untersuchung dieser Kirche.

Drei wichtige Aspekte für eine Neueinschätzung im kultur-, d.h. im vorliegenden Fall einer Kirche: im religionsgeschichtlichen Rahmen ihrer Zeit waren die neu zu stellende Frage nach der Herkunft des Vorbildes aus dem Geist der Gegenreformation, die Bedeutung der Kuppel als Symbol und Träger religiöser Botschaften zwischen Renaissance und Aufklärung und der Kunstwandel zur Zeit der Erbauung der Mannheimer Jesuitenkirche, der ja letztendlich nur einen Anschauungswandel im religiös-theologisch veränderten Milieu dokumentiert.

Ziel dieser kurzen Anmerkungen zur Jesuitenkirche ist es, diese in einen Kontext zu stellen, der ihren kultur- und religionsgeschichtlichen Stellenwert neu erscheinen läßt. Denn letztlich war die Mannheimer Entscheidung für die jetzt zu feiernde Rekonstruktion des Hochaltares keine kunsthistorische Entscheidung – und gerade das erhebt sie in den Rang des Modells.

DIFFICULTATES AD CONSTRUENDAM ECCLESIAE (GEBURTSWEHEN EINER KIRCHE)

1 *Kurzer Abriß ihrer Baugeschichte*

Die Gründe dafür, daß die Jesuitenkirche in Mannheim „in der kunstgeschichtlichen Literatur und Forschung ein Schattendasein" führe, lägen – so wird behauptet – unter anderem an der unergiebigen Quellensituation. Doch das stimmt so nicht. Alle geltend gemachten Daten und Fakten sind seit langem bekannt. Auch für die an ihr tätigen Künstler wie Alessandro Galli (da) Bibiena, Paul Egell, Egid Quirin Asam, Franz Rabaliatti oder Peter Anton Verschaffelt trifft dies nicht zu. Nur die wichtigsten Zahlen und Daten für die Baugeschichte der Kirche seien hier noch einmal ins Gedächtnis gebracht.

Anno domini 1720 verlegte Kurfürst Carl Philipp aus bekannten Gründen seine Residenz von Heidelberg nach Mannheim. In seinem Gefolge befanden sich drei Patres der Societas Jesu, darunter sein hochgeschätzter Beichtvater und Berater P. Staudacher. Neben dem ehrgeizigen Schloßprojekt, das die größte Residenz Deutschlands werden sollte, war zunächst keine eigene Jesuitenniederlassung geplant. Wie es tatsächlich zu diesem Vorhaben einer „fundierten" Jesuitenmission kam, ist neuerdings detailliert nachzulesen (P. Karl Weich SJ, „Mannheim – das neue Jerusalem", Mannheim 1997; vgl. auch den Beitrag von P. Karl Weich in dieser Festschrift, S. 107–120). In Rücksichtnahme auf die Bauabsichten seiner „Herren Jesuitern" verfügte Carl Philipp am 26. Mai 1727 nachfolgende Schenkung: „Nachdem die P.P. Soc.Jesu in unserer Residenzstadt Mannheim eine Kirch und Kollegium zu erbauen vorhabend seyndt mithin uns geziemend gebeten haben,

Chorraum nach der ersten Bombardierung

Chorraum nach der zweiten Bombardierung

Wir gnd. geruhen mögten denenselben solchen Endts einen bequemen Platz ohnentgeldlich anweisen zu lassen, daß Wir sothaner demütigster Bitt gnd. Statt gethan, mithin denselben den im hiebey angehefteten Plan absonderlich bemerkten ohnweit unseres dortigen Residenzschlosses gelegenen Platz in Gnaden geschenket, und auf ewig zugeeignet haben."

Circa fünf Wochen später, am 3. Juli 1727, fand morgens um 10 Uhr feierlich die Einsetzung der P.P. der Societas Jesu in ihre neuen Besitzrechte statt. Danach wurde das Terrain „nach Schuen ordentlich abgemessen und abgesteckelt". Weitere zwei Jahre später, am 23. April 1729, folgte die eigentliche Schenkungsurkunde (Fundationstext). In diesem Zusammenhang erhöhte der Kurfürst das Stammkapital P. Staudachers von 70 000 fl. auf einen Rententitel von 100 000 fl., dessen Grundstock aber nicht angetastet werden sollte. Außerdem überließ Carl Philipp den Patres die Zolleinkünfte von der Rheinbrücke, und die Stadt gewährte einen jährlichen Zuschuß von 150 fl. (200 fl. ab 1733).

Doch erst am 12. März 1733 erfolgte die Grundsteinlegung für den Bau der Kirche. Die Grundsteinlegung besorgte der Kurfürst persönlich. Auf einer silbernen Gedenktafel stand der Gründungstext (Wortlaut s. Anhang 1). Mit Planung und Ausführung war der Theaterarchitekt Alessandro Galli Bibiena beauftragt. Doch erst nachdem dieser das Kollegium fertiggestellt, das Gymnasium begonnen und den Hofopernbau vorangetrieben hatte, wurde 1738 mit dem Bau der Kirche begonnen. Die Erschöpfung der „General cassa" und die Inanspruchnahme des Fundationskapitals veranlaßten den Kurfürsten, persönlich die Kosten für den Kirchenbau zu übernehmen. Der Kabinettschreiner Zeller erhielt 371 fl. für die Anfertigung des Kirchenmodells.

Außerdem verfügte Carl Philipp am 28. März 1738 u.a.:

„1) Daß die zu erbauende Kirche eine Hofkirche sein und benambset werden, jedoch deren administration, die Haltung des Gottesdienstes und anderer von der Societät hergebrachte geistliche Übungen den Patribus S.J. unhinderlich beständig und zu ewigen Zeiten verbleiben solle;

2) daß die bereits gewidmeten und ferner hergebenden Gelder lediglich aus denen zu Unserer ganz freien und unbeschränkten Disposition und zu bekommenden Mitteln hergenommen seien, auch weiter bestritten werden solle, folglich dadurch unsere Cameral- und allgemeine Länderärarien noch auch geistliche Administrationskasse beschwert werden sein noch hierfür belästigt werden sollen..."

Doch diese huldvolle Gewähr hatte einen Pferdefuß. Zwar erhöhte der Kurfürst 18 Tage später seine Unterstützung um zusätzliche 10.000 fl. jährlich, ja in den zwei Folgejahren sogar auf 15.000 fl., doch die Klausel „daß die ... Gelder lediglich aus denen zu unserer ganz freien und unbeschränkten Disposition und zu bekommenden Mitteln hergenommen seien“, enthüllte ab 1741 ihren besorgniserregenden Inhalt. In diesem Jahr sank der gnädiglich gewährte Zuschuß auf nur ganze 2.700 fl. und im folgenden Jahr auf Null. Das fertiggestellte Opernhaus und die Innenausstattung des Schlosses hatten die kurfürstliche Privatkasse verebben lassen. Beim Tode Carl Philipps am 31. Dezember 1742 kamen die erst 1738 begonnenen Bauarbeiten zum Stillstand.

Erst als P. Franz Seedorf, Lehrer und Erzieher des neuen Kurfürsten Carl Theodor, die weitere Förderung des Kirchenbaus zugesichert bekam, konnten die unterbrochenen Bauarbeiten weitergeführt werden. Dies geschah nicht vor Ende 1743. Als die Ausgaben sofort wieder die Einnahmen überstiegen, kam es am 13. Dezember 1743 zum Sanierungsplan, der den berühmten Sparerlaß Carl Theodors enthält: daß „dabey auch der Sonderbarste Bedacht genommen werden sollte, damit diese ex cassa bestritten werdenden Geldtern nicht zu überflüssigen Zierrathen nach des Architecten eigener Willkür, sondern lediglich zum höchst nothwendigen Bauwesen nach vorheriger reifer Überlegung verwendet, folglichen dabej alle unnothigen Kösten bestthunlich erspahret, erforderndenfalls auch super Receptes ex Expensis die gehörigen Rechnungen vorgelegt werden mögen“.

1745 ist bereits das Chordach aufgeschlagen. Ab 1746 taucht erstmals (noch) als Polier der erfahrene Baumeister Rabaliatti in den Baurechnungen auf. War der Gesundheitszustand von Bibiena bereits so angeschlagen, daß er allein nicht mehr die Bauaufsicht leiten konnte, oder hatte er sich als unerfahrener Realarchitekt im schwierigsten Bereich der Einwölbung und des Kuppelbaus übernommen, so daß er einen baupraktisch erprobten Polier zur Seite brauchte? Unter dessen Leitung werden noch im selben Jahr die Querhaustonnen geschlossen. 1747 wird dann das Langhaus eingewölbt. Bereits zu Jahresbeginn 1748 wird Rabaliatti in den Büchern als Hofbaumeister geführt. Ebenfalls

Ansicht der Jesuitenkirche in Mannheim; Stich von Rabaliatti in der Festschrift „Basilica Carolina“ von 1760

zu Beginn dieses Jahres wird in Abwesenheit Bibienas (wegen Krankheit) die entscheidende Diskussion über Material und Form der Kuppel geführt, an der Rabaliatti als verantwortlicher Ausführender das Wort führt. Vom Jahr 1749 datiert eine Baurechnung für Rabaliatti „wegen Veränderungen und besserer Einrichtungen der obersten Stockwerke beider Türme“. Die Abschlußarbeiten an der Fassade müssen also schon 1747 oder 1748, somit noch zu Lebzeiten Bibienas erfolgt sein. Am 22. Oktober 1748, noch rechtzeitig vor Wintereinbruch, wird endlich die Kuppel aufgeschlagen, allerdings nicht in Stein, sondern mit beiden Schalen aus Holz. Rabaliatti ist auch hier der verantwortliche und ausführende Architekt. Mit der Fertigstellung der jetzigen Kuppel und der beginnenden Verglasung ist der Bau zu Beginn 1749 soweit abgeschlossen, daß mit der Innenausstattung begonnen werden kann.

Kurfürst Carl Philipp, Stich von Rabaliatti in der Festschrift „Basilica Carolina“ von 1760

2 *Allgemeine Überlegungen zum Bau*

Nimmt man Kirchen, Paläste oder Bildwerke welcher Art auch immer nur als Kunstattraktionen der Vergangenheit wahr und unterwirft man sie einer lediglich stilkritischen und formalästhetischen Analyse, besteht die große Gefahr, sie als erhalten gebliebene Zeugen einer vergangenen, aber einst gelebten Wirklichkeit eben von jenem kulturellen Kontext, aus dem heraus sie entstanden und dem sie als wesentlicher Teil angehörten, zu isolieren. Eine Kirche ist aber mehr als das Konglomerat ästhetischer Partikel.

Eine Kirche ist zunächst ein Bauwerk. Daß Architektur ganz allgemein betrachtet immer und zunächst Funktionsträger ist, dem wird niemand ernsthaft widersprechen. Ihr eignet ebenso eine bestimmte Form. Die Frage nach einer möglichen Kongruenz von Lebensform und Bauform drängt sich auf. Sie ist aus kulturhistorischer Sicht umso mehr geboten, als bei gegenwärtigen Bestrebungen, sich naturwissenschaftlich zu legitimieren, oft übersehen wird, daß Kunstgeschichte als Wissenschaft auch in einer Zeit der messenden und zählenden Naturwissenschaft eine hermeneutische Disziplin bleibt. Das vorrangige Interesse muß demnach jenes bleiben, das nach dem Sinn der Zusammenhänge fragt, die erkennen lassen, welche Kräfte dafür verantwortlich sind, daß eine bestimmte 'Kunst'form zustande kommt bzw. welche Kräfte bewirken, daß eine Kunstform gerade diese und keine andere Form annimmt, so daß die Form eben jene formschöpferischen Kräfte sinnvoll repräsentiert. Jede innere Ordnung wird als äußere Ordnung erkennbar.

Bei der Frage nach der Entstehung der jeweils entsprechenden architektonischen Form müssen neben Statik, Material und funktionalen Anforderungen weitere Kriterien wie Mentalität, Tradition oder epochal bedingte Sehweisen ins Kalkül gezogen werden. Kunsthistorische Begriffe bleiben so lange leer, wie sie nicht verstehen, diese mit zeitbedingten Anschauungen zu verbinden. Jede Methode, die das verwachsene Amalgam von Kultur und Kult, von Liturgie, Zeremoniell und Bildwerk auseinanderdissoziiert, also letztendlich ahistorisch vorgeht, kann uns die Mannheimer Jesuitenkirche nicht näher bringen.

3 *Ordenskirche – Gemeindekirche* – Hofkirche*

Das große Bauvorhaben Jesuitenniederlassung in Mannheim umschloß als Bauprogramm nicht nur die Kirche als Funktionsträger (= Gotteshaus, Versammlungsraum der Gläubigen, Vollzugsraum für Verkündigung der Hl. Schrift und für die Hl. Eucharistie), es besaß auch einen Auftraggeber (meist identisch mit

Der Begriff „Gemeindekirche“ ist hier ausschließlich im Sinne seiner kunsthistorischen Definition als Kirchenbautypus gemeint.

dem Geldgeber), der die Gewährleistung der geforderten Funktion durch den zu erstellenden Bau überwacht. Hier ergibt sich bereits die erste Gemengelage.

Der erste Bauherr und Auftraggeber war die Missio Manhemensis der Societas Jesu. In der Stiftungsurkunde für den Baugrund (1727) ist die Rede von „die P.P. Soc. Jesu“, „die eine Kirch und ein Collegium zu erbauen vorhabend seyndt“. Der Fundationsbrief von 1729 bezeichnet als Stiftungsgegenstand die Erbauung von Kolleg und Kirche und den Unterhalt der Patres. Neben den Bauherrn tritt als Hauptfinanzier der Kurfürst Carl Philipp.

Die Jesuiten beginnen gegen 1730 mit den Baumaßnahmen für den für sie im Moment wichtigsten Teil des Programms, mit dem Kolleg (Grundsteinlegung am 10. Mai 1730). Dieses schließt mit über hundert Metern Gesamtlänge an die westlichen Schloßtrakte an. Ob zu diesem Zeitpunkt bereits ein Gesamtbebauungsplan für das Grundstück vorlag, ist gegenwärtig nur schwer zu bejahen. Von seiten Bibienas sind bislang keinerlei Pläne oder Bauskizzen aufgetaucht. Die ab 1733 eintretende neue Lage läßt diese Frage berechtigt erscheinen. Im überlieferten Text der Grundsteinlegung für die Kirche ändert sich die Auftraggeberlage. Hier wird erstmals von der bislang nie erwähnten Funktion Hofkirche gesprochen, neben den „hl. Verrichtungen der Gesellschaft Jesu“, d.h. neben die Patres der Societas Jesu tritt nun der eigentliche Finanzier, Kurfürst Carl Philipp, als Bauherr hinzu.

Als Kirche der Jesuiten war das zu errichtende Gotteshaus zunächst eine Ordenskirche. Die Hauptaufgaben der Societas Jesu waren global gesehen die gleichen wie jene der Dominikaner: Wahrung, Verbreitung und Predigt der einzig wahren Lehre, der römisch-katholischen, direkte Unterstellung unter den Hl. Stuhl und Seelsorge. Den Dominikanern war 1218 bei ihrer Zulassung als Orden das Leben nach dem klaustralen bzw. konventualen Prinzip auferlegt worden. Mission und verstärkte Seelsorge, also Wirken nach außen und in der Öffentlichkeit ließen im 16. Jahrhundert angesichts des Schreckgespenstes der Reformation das konventuale Prinzip aufheben. Das heißt für die Jesuiten, ihre Kirchen waren nicht nur Ordenskirchen, primär für deren Mitglieder selbst abgestimmte Bauten, sondern a priori auch Gemeindekirchen. Das Erreichen möglichst vieler Zuhörer zur gleichen Zeit am gleichen Ort bedingte als funktionstaugliche Kirchen nur große Einheitsräume. Raumverschachtelungen oder -abgrenzungen wie z.B. in der klassischen Basilikaform waren untauglich und somit unerwünscht. Entsprechend dem Wunsch der Zeit (Gegenreformation) hatte das Kirchengebäude aber auch abbildend im Sinne der wahren orthodoxen katholischen Lehre zu sein (zum Kuppelproblem später).

Seit der Grundsteinlegung vom 12. März 1733 hatte die Kirche St. Ignatius und St. Franz Xaver in Mannheim offiziell die Funktion einer Hofkirche hi zugewonnen, sie mußte neben den genannten Erfo dernissen auch noch die Aufgabe weltlicher Repräser tationsansprüche erfüllen.

In den Bestimmungen vom 28. März 1738, also zur Zeitpunkt des Beginns der eigentlichen Bauarbeiter heißt es ausdrücklich in Item 1: „Daß die zu erbauen de Kirche eine Hofkirche sein und benambset werde ... soll“. Über die Motive, die den Kurfürsten bewoge haben, die ursprünglich als reine Kollegkirche geplan te zur Hofkirche umzuschreiben, können nur Vermu tungen angestellt werden. Finanzprobleme dürften di wahrscheinlichsten sein. Der weit fortgeschrittene Ba des gigantischen Schlosses hatte immense Summen ver schlungen, und geplante Verwirklichungen wie ei repräsentatives Opernhaus drohten erneut die Privat und Staatskasse arg in Anspruch zu nehmen. Da nu das Grundstück der P.P. Soc. Jesu direkt dem Schlo benachbart lag und der Kurfürst ohnehin der fast allei nige Geldgeber für den Bau der Kirche war, lag fü den Fuchs in Finanzierungsfragen Carl Philipp di Lösung Jesuitenkirche = Hofkirche sehr nahe, konnt er, Carl Philipp, damit doch zwei Fliegen mit eine Klappe schlagen. Für haus-, sprich palasteigen Bedürfnisse genügte eine exklusiv ausgestattete Palastkapelle, für Staatsakte mochte die benachbarte Jesuitenkirche dienen.

Ob dieses unterstellte Motiv zutrifft oder nicht, die zuvor gestellte Frage nach der Existenz eines vollständigen Bebauungsplanes für das Jesuitengrundstück im Jahre 1730 erfolgte nicht ohne Begründung.

Gegen eine anfänglich geplante Jesuitenkirche als Hofkirche sprechen die topographische Lage von Kirche und Kolleg, die 1729 bemessene Bausumme und der späte Baubeginn der Kirche.

Nach dem Prinzip der kurzen Wege, also aus verständlichen Kommoditätsgründen, hätte die Kirche als Hofkirche nicht am palastfernsten, sondern am palastnächsten Punkt des Jesuitengrundstückes stehen müssen. Sie hätte auch aus Gründen der 'grand vue' der Palastfassade in diese mit einbezogen werden müssen wie bei anderen Palastkirchen. Das Vorbild der Wiener Karlskirche kann nicht geltend gemacht werden, da diese in erster Linie Votivkirche war.

Das zunächst begonnene Kolleg soll als wetterschützender Gang für ihre kurfürstlichen Hoheiten auf dem Weg zu Fuß in die Oratorien gedient haben. Eine unvorstellbare Situation. Vom Wohn- und Schlaftrakt des Kurfürsten bis zu den Oratorien in der Hofkirche war es per pedes ein Fußmarsch von zehn bis fünfzehn Minuten. Kurfürst Carl Philipp war bei der Grundsteinlegung bereits 72 Jahre alt!

Was waren aber die Erfordernisse einer Hofkirche? Sie mußte geräumig, monumental, feierlich und würdig sein und nach außen Hoheitszeichen wie Türme und Kuppeln bieten. Die Mannheimer Jesuitenkirche erfüllte alle die genannten Anforderungen als Ordenskirche, Gemeindekirche und Hofkirche vorbildlich. Dennoch müssen einige kritische Anmerkungen erlaubt sein.

4 Die sogenannte Synthese deutsch-italienischen Formgefühls und die Endgestalt der Kirche bei ihrer Einweihung am 18. Mai 1760

Zum Zeitpunkt des obengenannten Weihedatums von St. Ignatius und St. Franz Xaver in der kurfürstlichen Residenzstadt Mannheim war der Kirchenbau selbst längst abgeschlossen. Was noch fehlte, war die Vervollständigung des Skulpturenprogramms und einzelner Ausstattungsdetails. Bis 1943 fanden am Außenbau keine nennenswerten Veränderungen statt.

Von Dehio erfahren wir, daß das Langhaus um einiges kürzer als dasjenige des Vorbildes Il Gesù in Rom sei und daß dadurch ein „eigentümlicher (durch langen Aufenthalt in Deutschland beeinflußter?) Rhythmus" entstanden sei. Man muß sich die sorgfältig getroffene Wortwahl und diplomatische Formulierung auf der Zunge zergehen lassen: das Adjektiv „eigentümlich" und der mögliche deutsche Einfluß in Klammern und mit Fragezeichen!

Weniger subtil sehen das spätere Autoren. Barth findet die Fassade „in besonderem Maße eine glückliche Verbindung und Durchdringung lateinischer Klarheit mit deutschem Formgefühl" und „alles dem deutschen Barock eigene Motive, der fast jede tektonische Einzelheit in der Glut eines unbändigen Lebensgefühles einschmolz und umformte". Wir hören da Wölfflin, Worringer und Pinder durch – und viel Teutschtum. Kein Wunder, Leo Barths Festschrift entstand 1933. Aber noch 1957 schreibt der Jesuit P. Schühly: „Diese Synthese von deutschem Barock und italienischer Barockkunst zeigt sich bei Bibiena in der Fassade der Mannheimer Jesuitenkirche, die ihre wesentliche Charakterisierung durch die flankierenden Glockentürme und die Vorhalle erfährt. Dieser deutschen Eigenart ist doch der italienische Einschlag in der Kuppel nicht abzuerkennen."

Zu den Panegyrikern der Kirche gehört, zwangsweise, Zeidler, der in seiner Monographie zu diesem Bauwerk Bibiena unterstellt, daß dieser die Aufgabe gehabt hätte, „dem alten Schema neues Leben einzuhauchen, ihm durch Veränderung der althergebrachten Proportionen neue Faszination abzuringen" und weiter: „Bibienas Mannheimer Jesuitenkirche erscheint als konsequente Weiterentwicklung des Kapellensaals, indem hier die Höhenentwicklung betont und der Longitudinalcharakter gemindert wird." Aufwendig wird zu diesem Zweck die gedachte Genealogie S. Andrea in Mantua, Il Gesù, S. Andrea della Valle, S. Ignazio (alle Rom) und Mannheim in Auf- und Grundrissen, in Proportionen und Maßen bemüht.

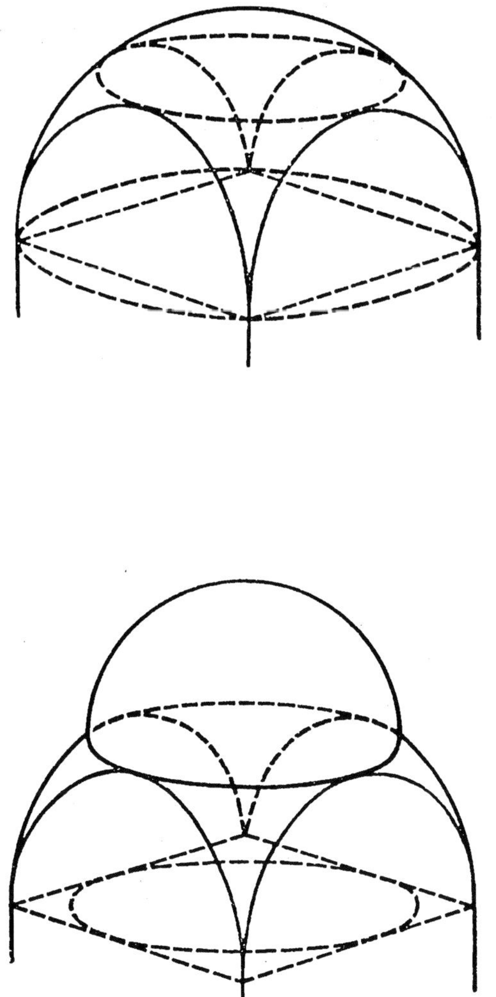

Oben: Außenkreiskuppel (= Stutzkuppel); unten: Innenkreiskuppel (= Pendentifkuppel)

Dehio hatte schon gründlich hingesehen. Die später überschwenglich strapazierte „glückliche Synthese" aus deutschem und italienischem Formempfinden entpuppt sich bei Betrachtung der bekannten Fakten der Baugeschichte als Verlegenheitslösung. Die als zu klein oder zu ungewichtig empfundenen Turmabschlüsse sind das erste selbständige Werk Rabaliattis am Mannheimer Bau. Da die Bauabrechnung dafür erst aus dem Jahr 1749 stammt, wissen wir nicht, wie schon erwähnt, ob diese Veränderung eigenmächtig oder mit Zustimmung von Bibiena erfolgt ist. Letzteres erscheint unwahrscheinlich, da ja Bibiena spätestens seit Anfang 1748 nicht mehr fähig oder befugt war, aktiv am Baugeschehen teilzunehmen (s. auch die Kuppelfrage). Ob Rabaliatti diese Änderung der bestehenden Bibienapläne aus purer Eigenmächtigkeit oder unter Sparzwang vorgenommen hat, wissen wir nicht. Doch letzteres scheint naheliegend.

Die Kuppeldiskussion Anfang 1748 hatte jedenfalls als Ergebnis ein anderes Material, eine andere Technik und andere äußere Form, und diese andere Helmform ist auf jeden Fall eine Schöpfung Rabaliattis. Der oktogonale Tambour mit Pilastergliederung und abschließender Balustrade mußte einer behäbigen Glockenhaube Platz machen. Durch Einsparungsmaßnahmen und Abweichungen von Bibienas Entwürfen wurde die Fernwirkung der Kirche um ihre zwei wichtigsten Charakteristika gebracht, die Fassade und die Vierungskuppel.

Die Ansicht, Bibiena hätte „die konsequente Weiterentwicklung des Kapellensaals" durch radikale Höhenentwicklung vorsätzlich angestrebt und sein Ziel mit der letzten Steigerung dieses Typs erreicht, muß ebenfalls bei genauer Betrachtung der bekannten Fakten zur Baugeschichte etwas nüchterner ausgelegt werden.

Als Bibiena gegen 1730 mit der Betreuung und Ausführung des Jesuitenprojekts betraut wurde, hätte er bis zur offiziellen Grundsteinlegung 1733 hinreichend Zeit gehabt, umfassende Pläne dafür anzufertigen. Da aber kein einziger Plan von seiner Hand bislang gefunden werden konnte, sind wir auch hier auf Vermutungen angewiesen. Da die große Planzeichnung „Längsschnitt durch eine Kirche" von Alessandros Vater Ferdinando Galli Bibiena aus dem Graphikkabinett der kurfürstlichen Sammlung sicher zunächst Alessandro gehört hatte, mochte dieser die Planzeichnung für seine Zwecke, sprich für die zu errichtende Kirche in Mannheim, verwendet haben. Aus der Datierung 1714 läßt sich vermuten, daß sie Teil der von Ferdinando für den Wettbewerb um die Wiener Karlskirche eingereichten Arbeiten war. Schon im Dezember 1715 hatte sich der Kaiser aber für die Pläne Fischer von Erlachs als zukunftsweisender entschieden. Nach Zeidler hätte sich Alessandro für diese um 1730 erst recht nicht mehr sehr fortschrittlichen Pläne seines Vaters entschieden, weil er mangels theoretischer Ausbildung und praktischer Erfahrung als Realarchitekt sich mit den Plänen seines Vaters auf gesichertem Boden befand.

Unglücklicherweise war um 1733 das Kolleg schon fast fertig und das Gymnasium bereits im Bau, so daß für die Jesuiten- und jetzt auch Hofkirche nur noch beschränkter Baugrund zur Verfügung stand. Der Versuch Bibienas, zusätzliches Terrain hinzuzugewinnen, war 1738 am Einspruch der Eigentümer des Nachbargrundstückes B 4 gescheitert. So blieb Bibiena nur die Wahl, entweder die ganze Kirche maßstabsgerecht zu verkleinern – was für eine monumentale Hofkirche nicht gerade schmeichelhaft gewesen wäre – oder die Längserstreckung der Kirche durch Verkürzung des Langhauses zu beschneiden. Also wieder eine Verlegenheitslösung. Doch diese bekam der Kirche im Gegensatz zur Türme- und Kuppeländerung in bezug auf ihre Raumwirkung ausgesprochen gut, ohne dabei ihre dreifache Funktion als Ordens-, Gemeinde- und Hofkirche zu beeinträchtigen.

Was hier als Negativkatalog erscheinen mag, ist keineswegs als solcher gedacht. Der Leidensweg der Mannheimer Jesuitenkirche ist eigentlich das Normalschicksal ambitionierter Großbauten. Man denke nur an andere gleichzeitige Bauvorhaben, z.B. die ursprünglichen Pläne Vanvitellis für den letzten gigantischen Bau des Absolutismus, die Reggia in Caserta, und das unbefriedigende heute noch sichtbare Endergebnis, oder an die Querelen bei der Entstehung von Vierzehnheiligen. Daß im letzteren Fall dank der Genialität Balthasar Neumanns noch ein einzigartiges Werk erstand, ist eine andere Sache. Und den gelernten Theaterdekorateur Bibiena mit Neumann gleichsetzen zu wollen, wäre nun doch etwas verwegen.

Große Projekte, die das Glück hatten, ohne materielle Beschneidung unter dem selben Auftraggeber und dem selben Künstler/Architekten in einem Zug ausgeführt zu werden, wie z.B. der Escorial, bilden doch die Ausnahme. Gerade die Mitte des 18. Jahrhunderts ist ein Zeitraum des Wandels und der Brüche. Bevor wir uns aber dem Spannungsfeld Architektur – Innenausstattung in der Mannheimer Jesuitenkirche zuwenden, sollen drei für das Verständnis dieser Kirche in ihrer Zeit wichtige Aspekte gesondert angesprochen werden.

5 Die Kuppel ist der Himmel

Neben Turm und Brücke hat kein anderes Motiv der Architektur ihre Erbauer und Benutzer so fasziniert und beschäftigt wie die gemauerte Kuppel. Die hohen technischen Anforderungen und der immer bedeutende materielle Aufwand machten sie von Anbeginn an zum Exklusivbau. Sie war zunächst fast ausschließlich ranghöheren oder mit dem Jenseits in besonderer Weise verbundenen Bauten vorbehalten, wie z.B. Grabkuppeln in Mykene (falsches Gewölbe) und persischen Feuerheiligtümern. Spätestens seit hellenistischer Zeit, als die Kugelgestalt der Erde ein Wissensfaktum war, galt nach aristotelischem Modell die Himmelskugel, die 'sphaira', als Grenze der Welt. Innerhalb dieser sphaira bewegten sich Götter und Menschen. Einer immanenten Weltsicht, wie jener der Griechen, war damit ein fester Ort gegeben, der auch sinnlich erfaßbar war. Gleichzeitig und ebenfalls mit den Sinnen wahrnehmbar galten alle kugel- und kreisförmigen Architekturteile (Kuppel als Abbild und Kreis und Halbkreis als zugehörige Abbreviaturen) als heilig oder, konkret gesprochen, als nahestehende Vertreter der sphaira (= des Himmels).

In der frühen Kaiserzeit Roms erreichte die Kunst der Steinwölbung einen nie mehr überbotenen Stand der Perfektion. In der Vollkreiskuppel des Pantheons sind unverkennbar kosmologische Dimensionen abgebildet, schließlich war dieses Pantheon ein Tempel nerhalb der privaten Thermenanlage des Marcus grippa (27 v. Chr.). Der heutige Bau ist ein Neubau us der Zeit des Kaisers Hadrian (120–125 n.Chr.).

Die in der römischen Antike übliche Form der Kupel war die Außenkreis- oder Stutzkuppel. In dieser rchitektonisch weniger anspruchsvollen Form zieht ie Kuppel = die sphaira = der gewölbte Himmel in die rchitektur der Profanbauten, z.B. Thermen, ein. Aber uch dort war der Bezug zum Himmel geblieben. laue Deckenfarbe und Sternenmuster suggerierten em Badegast, sich unter freiem Himmel, also draußen nterm Himmelszelt zu bewegen. Diese symbolhafte ntrückung aus der Alltagswelt durch einen künstlich ebauten Himmel wird für das frühe Christentum ragfähig, indem die junge Religion die Thermenkultur n ihrem neuen Bautypus Baptisterium übernimmt: Zentralbau, lebensspendendes Wasser und Kuppel als Symbol der sphaira bilden die Trias der Fundamentsteine des neuen Sakralbaus Taufkirche.

Auch im Memorial- und Sepulkralbau geht die alte Traditionskette nahtlos vom Heidentum zum Christentum über. Der Kreiskuppelbau des Grabmals der Constanza wird direkt überführt in ein christliches Gotteshaus (Santa Costanza in Rom). Und das von Anfang an als christlicher Bau errichtete Grabmal der Galla Placidia in Ravenna (Mitte 5. Jahrhundert) zitiert bedenkenlos antike Tradition. Die Stutzkuppel des quadratischen Mittelraums nimmt mit ihrem tiefblauen Grund und dem goldgelben Sternenfeld eindeutig Rekurs auf die heidnische sphaira. Die Kuppelschale des Grabmals des Theoderich dürfte ebenfalls als Himmel gestaltet gewesen sein. Der Tote war nach seinem Ableben nicht dem Himmel nahe, er w a r im Himmel.

Im Laufe des 6. Jahrhunderts wandelt sich die Vorstellungswelt von der antiken sphaira zum christlich transzendierenden Jenseitshimmel. In Ausdeutung von Ezechiel und der Apokalypse (laut Lex. d. Christl. Ikonographie) wird die sphaira zur Grenze der Welt, zum Firmament. Der eigentliche Himmel liegt jenseits der sichtbaren Himmelskugel. Symbolisch werden die Halbkugel und ihre Abbreviaturen (Apsis, Tympanon) zum Ort der Darstellung besonderer „Eingriffe göttlicher Macht in irdisches Geschehen“: Epiphanie, Apokalyptische Visionen, Majestas Domini, Weltgericht, Christi und Mariae Himmelfahrt, Marienkrönung etc. Der Himmelsbogen (Tympanon, Apsiskalotte) bezeichnet das Gläserne Meer (= Grenze der sphaira), Christus thront in doppeltem Zitat in der Apsiskalotte auf einer Weltkugel, etc. Auch die Kuppel übernimmt eine Doppelfunktion. Als Architekturform ist sie bereits Abbild des Weltalls, als Darstellungsort ist sie aber auch Handlungsort heilsgeschichtlicher Ereignisse.

Kuppelsystem der Hagia Sophia

Wenn nun die Frage auftaucht, was denn dieser Exkurs zur Kuppelarchitektur mit Mannheim zu tun habe, so muß ich noch einmal auf unsere Eingangsforderung zurückkommen: „Die Frage nach einer möglichen Kongruenz von Lebensform (in diesem Falle von Glaubensform) und Bauform drängt sich auf...". Spätestens bei der Revolution der Asambrüder wird der Zusammenhang klar.

Kehren wir also zurück zum 6. Jahrhundert in Konstantinopel. Bis zur Justinianischen Zeit war das frühe Christentum noch stark geprägt von antiken Bildern und Vorstellungen, und seine Baukunst verdankte der römisch-griechischen Zivilisation praktisch alles. Der Neubau der justinianischen Hauptkirche, der Hagia Sofia in Konstantinopel, hatte eine Kuppel. Diese war traditionsgemäß eine Stutzkuppel, die auf den Pfeilern der Vierung direkt auflastete. Ihrer Konstruktion entsprechend wirkte sie trotz ihrer Weite niedrig und flach, haftete ihr etwas Erdhaftes an. Nach der Beschreibung des Prokopius schien die Kuppel „mit ihrer goldenen Wölbung vom Himmel entsandt, den Himmel zu bergen". Dieser optische Eindruck der Stutzkuppel entsprach der hellenistischen Vorstellung, der auch die Himmelsgloben entsprungen waren; einer seit Parmenides ganz typischen Denkweise, denn für diese antike Welt gehörte der Himmel zur Erde. Ab der Mitte des 6. Jahrhunderts vollzog sich aber innerhalb des Christentums eine Wendung zu einer neuen Spiritualität.

Und just zu dieser Zeit, genauer im Jahre 558, stürzte als Folge eines Erdbebens die gerade erst 26 Jahre alte Kuppel der Hagia Sofia teilweise ein. Mit ihr sank für immer – zumindest für fast tausend Jahre – die alte Vorstellung von der sphaira als Himmelsgewölbe ins Grab. Nur fünf Jahre später konnte bereits die neue Kuppel der Hagia Sofia eingeweiht werden. Ihr Erbauer Isidor d.J. war ein Neffe des Konstrukteurs der alten Kuppel, Isidor von Milet. Die neue Kuppel war aber keine Außenkreiskuppel mehr, sondern eine Pendentifkuppel, die die Reste der alten Kuppel, die verbliebenen sphärischen Zwickel zwischen den Schildbögen als Basis und die Scheitel der Schildbögen als Auflagepunkte benutzte. Diese Kuppel als dem Vierungsquadrat einbeschriebene Halbkugel war zwar wesentlich kleiner, war aber höher, wirkte erdenferner und entrückter; dies umso mehr als die lasttragenden Scheitel der Schildbögen als verschwindende Punkte wirkten und die Ableitung des Drucks auf die Pfeiler optisch verborgen blieb. Diese neue Kuppel hielt bis heute. Und sie entsprach von ihrer Konstruktion und Optik ganz genau den neu sich abzeichnenden Vorstellungen eines rein christlich gedachten Himmels. Die zeitgenössischen Autoren haben denn auch genau diesen Eindruck von der Kuppel wiedergegeben:

„Du türmst nicht Berge aufeinander, um in den Himmel zu steigen, sondern die Flügel deiner Frömmigkeit tragen dich lautlos in den lichten Äther empor" (Paulus Silentiarius).

„Sie scheint gar nicht in einem festen Bauverband zu stehen, da sie in hängender Weise gestaltet ist" (Prokopius).

Wir haben hier also den klar nachvollziehbaren Vorgang, daß eine neue Bauform die veränderten Grundlagen des Glaubens bzw. dessen Verhältnis zum Himmel ausdrückt, oder mit den Worten von Fink, dem wir diese Erkenntnis verdanken: „Da ist wieder der Unterschied des Wesentlichen im inneren Begreifen: die alte Kuppel war wie ein Geschenk des Himmels an die Erde, die neue ist allem Irdischen entrückt."

Die neue Kuppelform bestimmte nun in ihrer reinen (Pendentifkuppel) oder derivaten (Klostergewölbe, Trompenkuppel) Form ebenso die kirchliche Baukunst des Mittelalters wie im religiösen Leben die ihr adäquate Vorstellung vom Himmel dies tat.

Von der Mitte des 6. Jahrhunderts bis fast zur Mitte des 15. Jahrhunderts. Wir machen einen Sprung von 900 Jahren. So lange währte nämlich das Mittelalter. An seinem nun absehbaren Ende stand wieder ein Kuppelbau, derjenige von Santa Maria dei Fiori, dem Dom von Florenz.

Es ist sehr wahrscheinlich, daß bereits der von Arnolfo di Cambio konzipierte neue Dom eine Kuppel haben sollte. Nach Arnolfos Tod gingen die Bauarbeiten nur noch sehr schleppend voran bzw. ruhten schließlich ganz. Immerhin nach Wiederaufnahme der Bauarbeiten im Jahre 1357 wurde im Modell von 1368 die Form der Kuppel festgelegt: eine achtseitige Tambourkuppel. Doch für die Realisierung ihrer gewaltigen Dimensionen – der Tambour hatte eine mittlere Weite von 43 Metern – mußten die Florentiner noch bis 1421 warten. Drei Jahre zuvor hatte nämlich Brunelleschi den von der Wollweberzunft ausgeschriebenen Wettbewerb gewonnen.

Brunelleschi, der Schöpfer dieser gewaltigen neuen Kuppel – ein Wunderwerk der Technik zu ihrer Zeit –, gehörte jener Generation von genialen Architekten, Bildhauern und Malern an, die eine neue Zeit heraufführten: Masolino, Masaccio, Donatello, Ghiberti, Michelozzo etc. Der Typ der neuen Tambourkuppel blieb der Star unter den Kuppeln. Mit fortschreitender Festigung dieser eigentlich rückwärts gewandten Bewegung – sie nannte sich ja selbst rinascitas, also Wiedergeburt (der Antike) – gelangte diese gemäß ihrer rationalen und diesseitsbejahenden Einstellung über die mathematisch-geometrisch reinsten Formen Kreis und Quadrat zu ihrer Idealarchitektur: dem Zentralbau mit Tambourkuppel. In Bramante fand sich der Baumeister, der ihm mit seinem ersten Projekt für St. Peter die klassische Form gab, und mit Michelangelo der geniale Vollender in einer Zeit, als die Renaissance in ihrem Herkunftsland bereits auf kräftigen Gegenwind seitens ihres wichtigsten Auftraggebers, der Kirche, stieß.

6 *Eine vereinfachte Genealogie*

Allgemein gilt, daß das Vorbild für den Bautypus von Mannheim im Gesù zu suchen sei. Fragen wir wieder als ersten Dehio. Dieser schreibt: „Die Anlage schließt sich eng dem Gesù in Rom an." Dem wäre in seiner lapidaren Kürze eigentlich nichts hinzuzufügen – man betrachte wieder genau Dehios Formulierung –, wenn Zeidler in seiner Dissertation nicht gemeint hätte, diesen 'einfachen' Sachverhalt differenzieren und korrigieren zu müssen, und dies mittels einer keineswegs kunsthistorisch eindeutig abgesicherten Genealogie.

Der Kern der Zeidlerschen Theorie läßt sich verkürzt wie folgt darstellen: Die Mannheimer Jesuitenkirche habe zwar im Prinzip eine gewisse Typusverwandtschaft mit dem Gesù, ihr direktes Vorbild läge jedoch in einer kleinen norditalienischen Baugruppe, deren Vorbild auch das vom Gesù gewesen sei, S. Andrea in Mantua. Die nie und nirgends stringent bewiesene Abhängigkeit des Gesù von S. Andrea in Mantua ist optisch, d.h. vom Grundriß her zugegebenermaßen verführerisch, doch inhaltlich nicht überzeugend.

Originaltext Zeidler: „Ihm (Bibiena) gebührt das Verdienst, den von Alberti in S. Andrea z u e r s t angeschlagenen Gedanken nach all den zahllosen Variationen als letzter noch einmal aufgegriffen und zu neuerlicher Steigerung gebracht zu haben." Alberti, der Architekt von S. Andrea, gehörte zwar zu den großen Architekten und Theoretikern des Quattrocento, seinen beiden konzipierten Longitudinalbauten war jedoch keine Zukunft gegönnt. Sein Templum Malatesteanum in Rimini blieb Torso, und sein 1472 begonnener Mantuaner Bau S. Andrea wurde zwar nach seinen Plänen zu Ende geführt, hatte aber auf die nachfolgende Baugeneration, die der Hochrenaissance, zumindest italienweit betrachtet, keinerlei nennenswerten Nachhall. Die Hochrenaissance hatte sich für den Zentralbau als ihren Idealtypus entschieden – wie übrigens Alberti selbst auch. In welchem Maße die Architekturtheoretiker des Cinquecento von Albertis Mantuaner Langhausbau überhaupt Kenntnis genommen hatten, wäre eine Studie wert.

Befassen wir uns also mit dem Bau, dem sich im Sinne von Dehios allgemein gehaltener Formulierung die Mannheimer Kirche anschließt, mit Il Gesù in Rom.

Die kleine Stammkirche neben dem Haus des Ordensgründers Ignatius von Loyola in Rom war der rasch an Ordensmitgliedern wachsenden Gesellschaft Jesu zu klein geworden. Bereits 1550 beschloß man einen Neubau, doch erst 1568 kam es zu dessen Grundsteinlegung. Das Patronat über den Bau hatte Kardinal Alessandro Farnese inne, und dieser hatte gleich den Hausarchitekten der Familie, Giaccomo Barozzi, gen. Vignola (nach seinem Geburtsort bei Modena) mitgebracht und zum planenden und ausführenden Baumeister bestimmt. Vom Beschluß zum Neubau bis zur Grundsteinlegung, dieser Zeitraum verläuft fast synchron zu den Tagungszeiten des Tridentiner Konzils (1545–1552 und 1562–1563).

Der von Vignola entworfene und begonnene und von Giaccomo della Porta 1584 zu Ende geführte Bau von Il Gesù vertrat den Typus der Kreuzkuppelkirche mit kurzem Chorjoch, ebenso kurzen Querarmen und einem geräumigen Kapellensaal als Langhaus, kurz einen majestätischen Einheitsraum mit bekrönender Kuppel, der dennoch kein Zentralbau war. Il Gesù war der erste Großbau des neuen Ordens in Rom und dessen Mutterkirche und gleichzeitig der erste Römische Monumentalbau der Gegenreformation, sozusagen deren Kirchenmodell. Als solches wurde Il Gesù nicht nur zum Vorbild der meisten späteren Jesuitenkirchen, sondern zum Schlüsselbau des danach einsetzenden Römischen Frühbarock.

Die Charakterisierung des Typus der Kreuzkuppelkirche allein genügte schon den meisten Kunsthistorikern, nicht nur um eine entfernte Verwandtschaft mit Albertis Einzelgänger S. Andrea in Mantua herzustellen, sondern darüber hinaus eine typusmäßige Abhängigkeit des Gesù von S. Andrea zu behaupten. Immerhin lesen wir in jüngeren Werken zum italienischen Barock, z.B. J. Varriano, Italian Baroque and Rococo (1986), nur noch das Wort „probably" (möglicherweise, vielleicht).

Zeidler postuliert dagegen ganz unbeirrt: „(Bibiena) gebührt das Verdienst, den von Alberti in Mantua zuerst angeschlagenen Gedanken nach all den zahllosen Variationen ... zu neuerlicher Steigerung gebracht zu haben." Er geht sogar noch weiter und behauptet indirekt: Für die Mannheimer Jesuitenkirche besaß Alessandro Galli Bibiena eine Modellzeichnung „Längsschnitt durch eine Kirche" von seinem Vater, die eine Fortentwicklung von S. Andrea in Mantua sei. Durch Bauaufträge von Familienmitgliedern in Mantua (alle nach 1714!!) kannte Vater Ferdinando S. Andrea durch direkten Augenschein oder durch Zeichnungen. Die Verwandtschaft zum Gesù in Rom bestünde sozusagen darin, daß die Jesuitenkirche in Mannheim und Il Gesù in Rom denselben Stammvater in Mantua besäßen und beide Abkömmlinge davon seien.

Eine solch verwegene Theorie bedarf der methodischen Überprüfung. Zunächst wäre wünschenswert, wenn schon die Genealogie eines Bautypus aufgezeigt werden soll, daß der angesprochene und definierte Typus formgeschichtlich soweit zurückverfolgt wird, wie dies durch erhaltene, ergrabene oder durch Abbildungen bekannte Beispiele möglich ist. Der Typus der Kreuzkuppelkirche ist meines Wissens zurückverfolgbar mindestens bis zum Jahr 741, eventuell sogar bis in konstantinische Zeit. Die älteste mir bekannte Kreuzkuppelkirche (über lateinischem Kreuz!) finden wir bestens erhalten in Istanbul, geradewegs hinter der

Hagia Sofia, nämlich in der Irenenkirche (Hagia Eirene). Die Existenz der Presbyterbänke im Chor und die Beschreibung des Prokopius lassen vermuten, daß der 740 durch Erdbeben zerstörte konstantinische Bau in der alten Form wiederhergestellt wurde. Tatsächlich zeigt diese altbyzantinische Kirche Hagia Eirene in Grund- und Aufriß mehr Parallelen zur Mannheimer Jesuitenkirche als zum Ferdinando-Projekt, und noch mehr als mit dem Ur-Ei der Zeidler'schen Genealogie S. Andrea in Mantua.

Nun gedenke ich aber nicht den Kollegenfehler zu wiederholen und meinerseits die Istanbuler Irenenkirche als Vorbild für Il Gesù in Rom zu präsentieren. Aber die Wahrscheinlichkeit dafür, daß der Gesù von der byzantinischen Kirche abhängt, ist nicht größer oder kleiner als jene, daß die Mutterkirche der Jesuiten von Albertis Mantuaner Kirche abhängt.

Es ist nicht einmal wahrscheinlich, daß Vignola S. Andrea in Mantua gekannt hat. Albertis Mantuaner Langhauskirche hatte, wie schon erwähnt, in der Nachfolgegeneration nur wenig Echo gefunden. Sie war weder bekannt, noch mußte man sie kennen, wenn man um 1540 als Architekt aktuell sein wollte. Der Geburtsort Vignolas liegt Luftlinie zwar nur runde 70 km entfernt von Mantua, doch Giaccomo Barozzi wurde von seinem Vater bereits als Dreizehnjähriger zur Ausbildung nach Bologna gegeben. Ob der kleine Giaccomo als Elf- oder höchstens Zwölfjähriger Studienreisen nach Mantua gemacht hat, um dort den damals unaktuellen Bau Albertis zu studieren, muß realistisch wohl mit einem großen Fragezeichen versehen werden. Seine weitere Karriere in Rom und Frankreich macht spätere Mantuaner Studien ebensowenig zwingend.

Es gibt aber noch einen anderen, weit gewichtigeren Grund dafür, warum S. Andrea in Mantua als Vorbild für Il Gesù in Rom fast automatisch ausscheidet. Wir sind wieder bei dem angesprochenen Arbeitsprinzip, das besagt, daß eine reine Formanalyse, losgesagt vom geistigen Hintergrund der Zeit, von den konkreten Anforderungen an den Bau als Funktionsträger oder vom Adressatenkreis, meist nur zufällige, gelegentlich sogar recht willkürliche Ergebnisse zeitigt.

Was gegen die quasi apodiktisch festgestellte direkte Ableitung des Gesù von S. Andrea spricht, ist die Zeit, in der die Hauptkirche der Jesuiten geplant und verwirklicht wurde, sozusagen der 'Zeitgeist'.

Nach dem Reichstag von Speyer (1526, 'ius reformandi' für die Reichsstände), dem Sacco di Roma (1527) und dem Reichstag von Augsburg (1530, Augsburger Konfession anerkannt) hatten die Protestanten auf allen Ebenen obsiegt. Das Schisma des christlichen Abendlandes war perfekt. Wie im 8., 10. und 11. Jahrhundert war das Römische Papsttum gezwungen, sich eine Schutzmacht zu suchen, die es auch im katholischen Habsburgerreich, dann später im spanischen Teil dieses Reiches fand.

Spanien war damals ein noch stark mittelalterlich geprägtes Land. Auch die römische Kurie träumte von vergangenen Zeiten, von einem Innozenz III., unter dem das römische Primat unangefochten die weltlichen Mächte in die Schranken weisen konnte.

Den Feind, d.h. den Verursacher dieser schmachvollen Niederlage hatte die Kurie auch schnell ausfindig gemacht, er stand vor der eigenen Haustür, ja wohnte mitten unter ihnen: es war der Antropomorphismus, Individualismus, Rationalismus und Humanismus der sogenannten Rinascità (= Renaissance). Alles, was für das freie, vernunftbegabte Individuum plädierte, und alles, was nach Humanismus roch, galt als anathema. Die Reaktion der römischen Kirche war sozusagen eine Gegenreformation und eine Gegenrenaissance zugleich.

Die theologisch-theoretische Grundlage dieser mächtigen Bewegung wurde im Konzil von Trient festgelegt. Zu den profiliertesten Vertretern der Gegenreform zählten die Inquisition und die Societas Jesu. Aber auch die anderen alten und neuen Orden erfüllten eine wichtige Front- und Aufbaurolle. Bereits nach dem Ende der ersten Sitzungsperiode des Tridentiner Konzils spürten die bislang hochgeschätzten Künstler den neuen Geist, und zwar ohne Rücksicht auf Rang und Namen. Drei Beispiele mögen dies veranschaulichen.

Als der venezianische Architekturtheoretiker Cattaneo 1554 seine 'Quattro Primi Libri di Architettura' herausgab, befand er sich praktisch schon in der Rückwärtsverteidigung. Gegen die Forderungen eines Kirchengrundrisses über lateinischem Kreuz hatte er nichts einzuwenden, es sollten aber die Kreuzarme nach den Proportionen eines vollkommenen menschlichen Körpers bemessen sein. Die künstlerische Schönheit wird verteidigt, weil sie doch eine göttliche Eigenschaft sei und Gott kein größeres Geschenk gemacht werden könne als ein Bauwerk von großer Schönheit – die übrigens mit dem Verstand und mit Hilfe der Mathematik konstruiert werden könne. Der arme Cattaneo hatte noch nichts vom Ausmaß der Klimaveränderung begriffen.

Vor den Mitbewerbern Raffael und Peruzzi hatte Jacopo Sansovino von Papst Leo X. den Zuschlag für Planung und Errichtung der neuen Kirche der Florentiner in Rom, S. Giovanni dei Fiorentini, bekommen. Sansovino plante nach dem idealen Strickmuster der Zeit einen Zentralbau. Antonio Sangallo d.J., der nach dem Tode Sansovinos die Weiterführung des Baus betreute, hatte, opportunistisch wie die Sangallos nun einmal waren, das Vorgängerkonzept in eine lateinische Kreuzform ungewandelt und die Arbeiten in diesem Sinne fortgeführt. Als man 1556 Michelangelo mit dieser Aufgabe betraute, reichte er Pläne für einen Zentralbau ein. Doch die Pläne Michelangelos, damals als verantwortlicher Architekt für St. Peter auf dem Höhepunkt seines Ruhms, wurden abgelehnt. Giaco-

Ostermorgen, Silberrelief (Detail) von Klaus Ringwald

mo della Porta führte ab 1584, nachdem er gerade Il Gesù fertiggestellt hatte, S. Giovanni dei Fiorentini im Sinne der Ideale der Gegenreformation als zweiten Großbau dieser neuen mächtigen Bewegung zu Ende.

Durante Alberti, der 1558 zum Präsidenten der Academia di San Luca, der wichtigsten Ausbildungsstätte für Künstler in Rom gewählt wurde, brachte zu seiner ersten offiziellen Sitzung als Ehrengast nicht etwa einen der noch lebenden großen Meister der Hochrenaissance mit, sondern einen Jesuitenpater, der die künftigen Künstler eindringlich ermahnte, sie sollten ausschließlich „schickliche und lobenswerte Themen" malen und „alles Lüsterne und Ungehörige" vermeiden.

Schließlich befaßte sich die 25. und zugleich letzte Sitzungsperiode des Tridentiner Konzils im Dezember 1563 mit der Rolle der Bildenden Künste in der Religion. Schon aus Protest, aber auch aus Tradition und Überzeugung stellte sich das Tridentinum gegen den Ikonoklasmus der Reformatoren und auf die Seite der Bilder, bzw. im erweiterten Sinne aller Kunstformen im Dienste der richtigen und einzig wahren Lehre, der katholischen. Die Konzilsteilnehmer bestätigten, „daß auch großer Nutzen aus allen heiligen Bildern gezogen wird, nicht nur weil dem Volk durch sie Wohltaten und Gaben, die ihnen durch Christus zuteil werden, gepredigt werden, sondern auch, weil die Wunder, die Gott mittels der Heiligen und ihres heilsamen Beispiels vollbracht werden, den Gläubigen vor Augen gebracht werden". Allerdings fordert das Konzil im selben Titel (XXV, tit. 2) ganz unmißverständlich: „Kein Bild soll aufgestellt werden, das auf eine falsche Lehre deutet oder aber dem Ungebildeten Gelegenheit zu gefährlichem Irrtum bieten könnte."

Was Durante Alberti 1558 schon im Geiste der Gegenreformation praktiziert hatte, das schreibt nun die Schlußakte des Konzils präzise vor: die enge Zusammenarbeit der Künstler mit den kirchlichen Auftraggebern und deren Rolle als Wächter über die Einhaltung der konkreten Darstellungen der Glaubensinhalte durch die Bildende Kunst. In schwerwiegenden Fällen ist schließlich die Inquisition bevollmächtigt, Schicklichkeit und Rechtmäßigkeit der dargestellten Glaubensbotschaften bzw. die künstlerisch korrekte Umsetzung der 'concepte' zu überprüfen.

Während sich das Konzil selbst fast ausschließlich mit den Bildkünsten beschäftigte, übertrug um 1572 der Hl. Karl Borromäus die Forderungen der Gegenreform auch auf die 'richtige' Baukunst. Seine Schrift, in der wir alle Gedanken der römischen Gegenreformer über eine schickliche und katholische Kirchenbaukunst nachlesen können, trägt den Titel: „Instructiones Fabricae et Supellectilis Ecclesiasticae". Dort erfahren wir u.a., daß der Hochaltar, um die Aufmerksamkeit der Gläubigen auf sich zu lenken, auf Stufen erhoben sein soll, und daß glaubenskonforme Kirchen streng in der christlichen Tradition stehen müßten. So biete sich als Grundriß die Kreuzform an, da die Kreisform heidnischer Brauch sei. Dem griechischen Kreuz, das den Zentralbau begünstigen würde, sei das lateinische Kreuz vorzuziehen. Außerdem fordert Borromäus im Geiste der Gegenreformation, daß „der Kirchenraum seinen religiösen Inhalt dem Besucher aufzwingen soll". Umgekehrt verlangte das Tridentinische Konzil, die Gläubigen sollten aktiv am Gottesdienst teilnehmen. Das Endergebnis dieser doppelten Forderung, sowohl an den Bau als auch an die Gläubigen, das Theatrum sacrum, vollzieht sich allerdings erst unter großen Künstlern und Architekten des Hochbarock (Bernini, Borromini).

Kehren wir zurück zum Gesù. Die Zeit seiner Planung und Verwirklichung (1550–1584) fällt also tatsächlich zusammen mit der ersten kämpferischen Phase der Gegenreform. Deren aktivster Vertreter neben Papst und Kurie ist die Societas Jesu. Auftraggeber der neuen Kirche ist die Führungsspitze der Jesuiten, und Schirmherr, Förderer und teilweiser Finanzier ist Kardinal Alessandro Farnese, ein Neffe des amtierenden Papstes. Sein Architekt Vignola steht gemäß den Beschlüssen des Tridentinums in strenger Weisungsgebundenheit der theologischen Vertreter. Er ist nur Ausführender. Als Alessandro Farnese der Fassadenentwurf Vignolas nicht gefällt, setzt er ohne zu zögern den verdienten Hausarchitekten als verantwortlichen Baumeister ab.

S. Andrea zu Mantua ist ein für das 16. Jahrhundert unbedeutender und deshalb unbeachtet gebliebener Bau des Quattrocento. Sein Architekt war gleichzeitig ein Wortführer und Protagonist des zu bekämpfenden Humanismus der Renaissance, deren Zielsetzungen und Ergebnisse für den harten Kern der Gegenreformation anathema waren. Leon Battista Albertis Hauptschrift „De re edificatoria" wurde gerade damals 1550 in Florenz auf Italienisch herausgegeben. Darin bevorzugt Alberti ausdrücklich den von der Gegenreform geächteten Rundbau (Bd. VII, Kap. 4). Es ist vor dem geistigen Hintergrund der Zeit völlig undenkbar, daß die Verantwortlichen für den Neubau der Stammkirche der Jesuiten einen 'ketzerischen' Bau zum direkten und alleinigen Vorbild genommen hätten, dies umso weniger, als das vermeintliche Vorbild für die neue liturgische und seelsorgerische Aufgabe des Ordens von seiner Raumdisposition her denkbar ungeeignet gewesen wäre bzw. die Forderung, daß der „Kirchenraum seine religiösen Inhalte dem Besucher aufzwingen" solle, kaum erfüllt hätte.

Wenn also von der Sache, vom Zeitgeist und von den Anforderungen an den 'Musterbau' Il Gesù her S. Andrea in Mantua praktisch als Vorbild ausscheidet, stellt sich die Frage, ob die neue Kirchengestalt überhaupt auf einen Einzelbau als Vorgänger und Modell zurückgeführt werden kann. Die sehr wahrscheinliche Antwort dürfte Nein lauten. Es sei denn, jemand zaubert eine bislang der Kunstgeschichte verborgen gebliebene Kirche aus dem Hut, die unstrittig und überzeugend dem Gesù als Vorbild gedient hätte – z.B. S. Catarina in Formiello in Neapel (Baubeginn um 1519, Architekt: Romolo Balsimello aus Settignano bei Florenz; Fertigstellung zur Zeit des Baubeginns von Il Gesù).

Die Vertreter der katholischen Reform hatten aber mit Sicherheit keinen bestimmten bereits existierenden Kirchenbau vor Augen, bestenfalls bestand eine Reihe von praktischen Anforderungen an den Bau, verbunden mit einer Liste von Formen, die kategorisch ausschieden, wie z.B. Kreis oder griechisches Kreuz als Grundriß. Wie schon im Hohen Mittelalter das Hauptinteresse der kirchlichen Auftraggeber und Bauherren ausschließlich der Funktionsfähigkeit unter bestimmten vorgegebenen liturgischen Bestimmungen galt, so muß Gleichlautendes auch bei den führenden Vertretern der Gegenreform als Richtschnur bei der Suche nach einem geeigneten Kirchenbau angenommen werden dürfen – und dafür gab es tatsächlich Vorläufer.

Die 1534 von Ignatius von Loyola gegründete und zielstrebig straff organisierte Gesellschaft Jesu, rechte Hand der römischen Kirche bei der „Erneuerung der Erde", nannte als wesentliche Pfeiler ihres Wirkens und Auftrags: „juvare animas" (Ignatius), „den Seelen helfen". Darunter ist zu verstehen: Stärkung der rechtmäßigen Botschaft (Lehre), Belebung und Intensivierung der Glaubensinhalte (Predigt), Verbreitung der katholischen Lehre (Mission) und intensive Betreuung der Gläubigen (Seelsorge). Ein neuer Beitrag zur Seelsorge waren die Exercitia Spiritualia (Exerzitien). Im Mittelpunkt standen die feierlich mit den versammelten Gläubigen zelebrierte Liturgie der Hl. Eucharistie und die anrührende Predigt. Dafür war ein Kirchenraumtypus gefordert, den es gerade für diese Zwecke schon in großer Verbreitung vor der Renaissance gegeben hatte.

Öffentliche Liturgie, Predigt und Seelsorge waren ja schon die bestimmenden Ziele der spätmittelalterlichen Predigerorden, allen voran der Dominikaner und Franziskaner. Und es hatte auch schon eine Gegenreform vor der Gegenreform gegeben, die ihre Forderungen durch ein Konzil festschrieb. Damals, knapp 350 Jahre vor dem Tridentinischen Konzil, hatte man eine drohende Spaltung der abendländischen Christenheit noch verhindern können. Auslöser waren eine Reihe von Häresien, gegen die schließlich unter Innozenz III. mit Feuer (Scheiterhaufen) und Schwert (Albigenserkriege) vorgegangen wurde. Im Gegenzug zur Wirksamkeit häretischer Prediger war Dominikus im Ketzerland die Idee zur apostolischen Mission gekommen. Das 4. Laterankonzil von 1215 gibt in Kapitel 1 der Dekrete eine Rechtfertigung und Definition des katholischen Glaubens zur Ausgrenzung der Katharer und Albigenser. In Kapitel 2 wird die Irrlehre des Joachim von Fiore verdammt und das Glaubensgut der Hl. Dreifaltigkeit bestätigt. Das Kapitel 3 „Über die Häretiker" (Waldenser) führt die Notwendigkeit der 'missio canonica' ein, bereitet damit die Zulassung der neuen Predigerorden vor. Wer unbefugt durch amtliche Vertreter der katholischen Kirche predigt, verfällt der Exkommunikation. Schließlich werden in Kapitel 21 die Ablegung der Ohrenbeichte (nun als Sakrament), das Beichtgeheimnis und die Verpflichtung zur mindestens einmal pro Jahr eingenommenen Kommunion festgelegt (Osterkommunion).

Die Zulassung der Dominikaner als Orden erfolgte bereits 1218 unter der Verpflichtung zur Annahme einer der bestehenden Mönchsregeln. Dominikus entschied sich für die Regel des Hl. Augustinus. Die Verpflichtung zur stabilitas in congregatione wurde damals allerdings aufgehoben.

Haupsächlich die Dominikaner wurden zu systematischen Verkündern (Lehre, Predigt) und Verteidigern der katholischen Wahrheit. Nach der Zulassung des Ordens wurden die lokalen kirchlichen Gewalten (Bischöfe, Pfarrer) aufgefordert, den Predigern für ihre Aufgabe ihre Kirchen zur Verfügung zu stellen. Dies war im Entstehungsland der Dominikaner, in Südfrankreich, möglich, weil dort wie insgesamt im Bereich zwischen Loire und Duero der traditionelle Hang zum Einheitsraum im Kirchenbau die entsprechende Raumdisposition bereitstellte (Saal- und Hallenkirche). Umgekehrt war durch die neue verstärkte Rolle der Predigt die seit dem 11. Jahrhundert verbreitete Kirchenbauform zum Typus der languedozischen Sondergotik ausgereift.

Dieser Typus des gotischen Kapellensaals, mit oder ohne Querhaus, mit oder ohne Kuppel, war dem Förderer und Mäzen des Baus von Il Gesù, nämlich Kardinal Alessandro Farnese, durch seine über zehn-

Zelebrationsaltar, Eck der Tischplatte mit Weihekreuz in Form eines auslaufenden Rankenwerks

jährige Präsenz als päpstlicher Legat in Frankreichangelegenheiten in Avignon sehr wohl bekannt. Die Ordensgründer Ignatius und Franz Xaver kannten als Nordspanier, der eine Baske, der andere Navarrese, ebenso diesen im okzitano-katalanischen Raum verbreiteten Typus der Predigerkirche. Dieser Typus und die Forderung nach einem zumindest angedeuteten kreuzförmigen Grundriß haben sicher mehr zum Entstehen der neuen Kirche Il Gesù beigetragen als der raummäßig ungeeignete Einzelfall in Mantua. Von Alessandro Farnese ist zumindest ein Brief bekannt, in dem er seinen Architekten Vignola ausdrücklich auf die Notwendigkeit eines Raumes mit großer Fassungskapazität und bester Akkustik hinweist. Was im Gesù von der Renaissance übriggeblieben war, sind Rundbögen, Tonnengewölbe, die klassische Säulenordnung (von Borromäus ausdrücklich wegen ihrer Garantie für solides Bauen zugelassen!), Zierformenapparat und – die Kuppel.

7 Mannheimer Problem oder verbreitetes Übel?

In der überschaubaren Literatur zur Mannheimer Jesuitenkirche haben alle Autoren der Architekturform und inneren Gestalt in ihrer Entstehungszeit und innerhalb des süddeutschen Raums einen Sonderstatus

Fußbodendetail des Chorraumes mit Ansatz des Chorbogens

zuerkannt. Ob dies so unwidersprochen stehenbleiben kann, ist zumindest fraglich. Deshalb erscheint es opportun, einige konkrete Vergleichsbeispiele anzuführen.

a) Kirchen, die vor der Mannheimer Jesuitenkirche begonnen und fertiggestellt waren und somit als Vorbild hätten dienen können:

Kirche	*Baubeginn*	*Fertigstellung*
Wiblingen	1714	1739
Weingarten	1716	1724
Aldersbach	1720	1720
Dießen	1720/28/32	1739
Osterhofen	1726	1728
Steinhausen	1727	1731/33

b) Kirchen, die etwa gleichzeitig oder etwas später begonnen wurden:

Ottobeuren	1737	1766
Vierzehn-Heiligen	1742/44	1763 (Einwölbung)
Ettal	1744	1762
Birnau	1746	1750

Zu Mannheim haben wir gehört, daß vor Fertigstellung des Rohbaus der zuständige Architekt Bibiena Fassadenabschluß, Teile der Einwölbung und Kuppel nicht mehr mitbestimmen konnte. Der anfängliche Mitarbeiter und dann spätere Nachfolger Rabaliatti hatte das ursprüngliche Konzept, sicherlich nicht zuletzt unter Finanzdruck, verändert. Dasselbe drohte Balthasar Neumann in Vierzehn-Heiligen. Nachdem aber 1744 das Projekt in seine alleinigen Hände gelegt war, konnte er nicht einmal mehr die Einwölbung miterleben. Seinem Polier und Mitarbeiter Nißler fiel die Aufgabe der Bauvollendung zu. Erkennbar hat sich Nißler aber getreuer an die Vorlagen seines Vorgängers gehalten, als dies Rabaliatti im Mannheimer Fall getan hat. Die Abschlüsse der Mannheimer Fassade empfinden wir als unproportioniert. Doch auch großen Architekten konnte Gleiches passieren. Auch in Zuccalis Ettal-Projekt wurden die Türme nicht nach des Architekten Plänen vollendet, und die Fassade mußte ebenfalls aus Geldmangel halbfertig stehenbleiben. In die Nischen der Fassade wurden schließlich für einen anderen Anbringungsort bestimmte, stark auf Untersicht gearbeitete Figuren aufgestellt.

Am aufschlußreichsten ist aber wieder einmal die Kuppelfrage. Dieses große Erbe der italienischen Renaissance gelangte über den Bau von St. Kajetan in München nördlich der Alpen. St. Kajetan „gehört in jene große kosmopolitische Familie, deren Stammutter die Kirche Gesù in Rom ist...(so) will die Theatinerkirche bis aufs letzte italienisch sein und hat dies auch erreicht. Münchnerisch, bairisch ist an ihr nichts. Die vom hohen Tambour emporgetragene Kuppel zeigte diese majestätische Form des Südens auf deutschem Boden zum ersten Mal“ (Dehio).

Den Vorwurf an die Mannheimer Jesuitenkirche, sie wäre ein Fremdkörper in ihrer Umgebung, mußte sich also auch die berühmte Theatinerkirche in München schon von Dehio gefallen lassen. Aber kaum war die Gestalt der Kuppel über hohem Tambour nördlich gewandert, verlor sie bereits an Attraktivität in Rom selbst. Der dort 1626 begonnene zweite Jesuitenbau, S. Ignazio, wurde 1680 schon nicht mehr mit der ursprünglich geplanten Kuppel zu Ende geführt. Diese wurde im Kircheninneren durch eine Flachkuppel und eine von Pozzo großartig gemalte Scheinkuppel ersetzt. Diesen Furore machenden Bau des ausgehenden 17. Jahrhunderts hatte Cosmas Damian Asam während seines ca. zwei Jahre währenden Romaufenthaltes natürlich gesehen. Sein erster Großauftrag in der Heimat war Weingarten. Dort hatte man 1716 mit dem Bau der größten Barockkirche Deutschlands begonnen und durch Pläne von Fisoni, der offensichtlich schon nicht mehr auf dem Höhepunkt der (italienischen) Entwicklung war, diese mit einer 60 m hohen Tambourkuppel ausgestattet. Noch während der Fertigstellung der Arbeiten an der Kuppel hatte C.D. Asam mit der Ausmalung der Langhausgewölbe begonnen. Eine interessante Konstellation: Alte Tradition und Avantgardegeneration arbeiten Seite an Seite, Gewölbe an Gewölbe nebeneinander. In Ensdorf führte man fast zur gleichen Zeit (Baumeister Wolfgang Dientzenhofer) keine Kuppel mehr aus, Malerei war billiger!

Als 1733 die Mannheimer Grundsteinlegung erfolgte, hatte sich Bibiena noch für einen Kuppelbau entschieden, in der Tradition des Urbaus aller Jesuitenkirchen, des Gesù. Dabei lag ihm eine Planzeichnung seines Vaters Ferdinando vor. Diese war 1714 Teil eines Entwurfs für die Wiener Karlskirche. Obwohl es für dieses Prestigeobjekt keinerlei Ausschreibungsurkunden gibt, nimmt Sedlmayr an, daß die Kuppel auf jeden Fall ausdrückliche kaiserliche Bedingung für den Bau war. Den jesuitischen Auftraggebern in Mannheim konnte dies nur recht sein. 1733 war der Kuppelbau zwar allgemein im Rückzug begriffen, außer Mode war er allemal noch nicht. Zwei schon zitierte Beispiele mögen dies belegen.

Der Fall Vierzehn-Heiligen: Auf Protest Balthasar Neumanns bei Fürstbischof Friedrich Karl von Schönborn hatte der Abt von Langheim den vom protestantischen Architekten Krohne begonnenen Bau der Wallfahrtskirche sofort einstellen müssen. Die Inspektion von Neumann noch im Dezember 1743 ergab eine Reihe von Beanstandungen, die er als „lutherische Nebensprüng“ brandmarkte. Der Vorwurf, daß Abt Mösinger den Bau einer katholischen Wallfahrtskirche einem Architekten übertragen hätte, der nicht katholisch, d.i. nicht den Vorstellungen der Gegenreform entsprechend zu bauen wisse, war zu viel. So lange wirkte also der Geist des Tridentinums nach. Neumann bekam 1744 endlich das Projekt mit der fürstbischöflichen Auflage „nach dem wahren katholischen erfordernuss gantz zu machen“ zugeschlagen und begann sofort mit den nötigen Umbauten und Korrekturen. Kaum hatte aber Neumann definitiv vom Fürstbischof den Zuschlag bekommen, ging bei diesem ein weiterer Projektvorschlag ein. Der stammte diesmal vom Mainzer General Maximilian von Welsch. Dessen Plan griff wieder das Schema der gegenreformatorischen Kongregationskirchen Roms auf, stellte also einen letzten Nachfolgebau des Gesù in Deutschland zur Disposition.

Die verschlungenen Wege des Schicksals sind manchmal wirklich bizarr. Der Fürstbischof fand Gefallen an der Fassade und der ganzen soliden Art der Konstruktion. Das bedeutet aber für das Jahr 1744, daß das jesuitische Schema der Kreuzkuppelkirche mit Kapellensaal bei den hochherrschaftlichen Auftraggebern noch lange nicht ‘out’ war. Insgesamt zeigt das Welsch’sche Schema recht frappante Ähnlichkeit mit Ferdinando Galli Bibienas „Längsschnitt durch eine Kirche“. Es ist nicht ausgeschlossen, daß, wären die Pläne von Welsch nur ein bis zwei Monate früher bei Friedrich Karl von Schönborn gelandet, Mannheim einen Geschwisterbau in Vierzehn-Heiligen bekommen hätte. Verrückt.

Bei den zukunftorientierten Kräften war allerdings zu dieser Zeit mit einem Kuppelprojekt nicht mehr viel Staat zu machen.

Das Beispiel Birnau: Für den Bau von Neu Birnau wurde zwecks Bauvergabe am 17. März eine Kommission einberufen. Zusammen mit dem auftraggebenden Abt von Salem faßte sie den „Beschluß, dem Herrn baumeister befehlen: 1. die Kirch zue machen, wie sie gar wohl ist aufgezeichnet worden, ausgenommen, daß die Latern oder der Cupel solte ausgelassen werden, weil ob die Kirch auf die Höhe und an der Reeg – oder Seelufft kommte und derowegen diese latern nit möchte in die länge guth thun ...“ Ob wirklich die Bodenseeluft und das Wetter der ausschlaggebende Grund für die Ablehnung der Kuppel waren, muß zumindest fraglich erscheinen. Immerhin sollte die Marienwallfahrtskirche von Neu Birnau in ihrem Inneren als aula mariana, als Mariens Schoß, ausgestattet werden, und eine solche Inszenierung des Theatrum sacrum konnten zum damaligen Zeitpunkt Stukkateure und Maler besser umsetzen, vor allem billiger!

Vertrackte Bedingungen finanzieller, technischer, topographischer oder auftraggeberischer Art führten allenthalben bei Großbauprojekten zu unvollendeten, unvollkommenen oder halbherzigen Lösungen. So besehen ist das Endergebnis von Mannheim bei seiner „hochfeierlichen Einweihung“ am 18.Mai 1760 ein doch recht beachtliches. Viele Mäkeleien an der Mannheimer Jesuitenkirche sind unrealistisch oder ahistorisch. Zum Zeitpunkt ihrer Vollendung (1748) war sie durchaus ein respektables und vorzeigbares Bauwerk, das keineswegs so isoliert in der Kunstlandschaft Süddeutschlands steht, wie viele das empfunden haben. Das schlimmste Schicksal stand der Kirche ja noch bevor.

DOPPELTER STILBRUCH ODER: EIN GENERATIONENKONFLIKT (ZUR INNENAUSSTATTUNG)

1 Der Architekt Bibiena und sein Konzept für die Innenausstattung

Die letzten vier Jahre der Fertigstellung des Kirchenbaus von der Wiederaufnahme der Bauarbeiten im Laufe des Jahres 1744 bis zur Vollendung der Kuppel 1748 haben sich für die Bauforschung als problematisch erwiesen und eine Reihe von wichtigen Fragen offen lassen müssen. Da ist der Umfang der Einflüsse des sogenannten Sparerlasses auf die Endgestalt ebenso unbeantwortet wie das (zufällige?) Auftauchen eines neuen und in der Baupraxis sehr erfahrenen Poliers gerade zum Zeitpunkt der schwierigen Schlußphase der Einwölbung. Die tatsächliche Rolle Bibienas für diese Schlußphase scheint keineswegs klar und gesichert. Wie beeinträchtigt war sein Gesundheitszustand bereits im Jahre 1747? Seine Krankheit kann in den beiden letzten Jahren nicht so behindernd gewesen sein, daß er als verantwortlicher Architekt nicht die Bauleitung hätte weiterführen können, denn von 1747 bis Ostern 1748 hat er noch vier Theater- bzw. Musikaufführungen ausgestattet, sich am Wettbewerb um die Neugestaltung des Stuttgarter Schlosses mit Plänen beteiligt, Entwürfe für den Hauptaltar der Heilig Geist Kirche in Heidelberg angefertigt und Entwürfe für den Schwetzinger Schloßgarten eingereicht.

Nun, diese Fragen betreffen vor allem den Kernbau der Mannheimer Jesuitenkirche. Ihre mangelhafte Beantwortung liegt mit Sicherheit auch am Tatbestand der fehlenden Skizzen und Pläne, die für ein Kirchenbauprojekt der Größenordnung der Mannheimer Jesuitenkirche mit Sicherheit vorgelegen haben.

Die Frage nach Plänen und Skizzen für die Innenausstattung der Kirche stellt sich noch dringlicher. Hier ist die Forschungslage noch prekärer. Auch hierzu fehlen jegliche aufhellenden Dokumente, abgesehen von Rechnungen. Doch während für den Kirchenbau solche Pläne als unabdingbar vorausgesetzt werden müssen, stellt sich für die Innenausstattung die viel gewichtigere Frage, ob Bibiena solche Pläne überhaupt schon ausgearbeitet, sozusagen fertig in der Schublade hatte, oder ob er solche erst nach Fertigstellung 'seiner' Kirche erstellen wollte.

Die Zeichnungen für den Heidelberger Hochaltar beweisen zumindest, daß sich Bibiena mit dem Thema bereits auseinandergesetzt hat und sich deren Bewältigung durchaus zutraute, letzteres umso mehr, als ja die Innendekoration für ihn als genialen und erfolgreichen Theaterarchitekten seine Spezialdisziplin war. Auch in der Modellzeichnung von Bibienas Vater war ja eine solche Innendekoration schon bis ins letzte Detail ausgearbeitet.

Wenn aber zur Innenraumgestaltung von Bibienas Hand bereits konkrete Vorstellungen bei seinem Tode vorlagen, dann war die Berufung all jener Künstler, die schließlich mit dieser Aufgabe betraut wurden, eine klare Absage an das fertige Konzept des ursprünglich beauftragten Chefarchitekten, was wiederum auf eine schrittweise Entmachtung Bibienas bei der Fertigstellung der Kirche hinwiese und die Rolle Rabaliattis in ein neues konkretes Licht rücken würde.

Immerhin hat ja schon Zeidler im Falle der Querhausgestaltung auf Diskrepanzen zwischen Architektur und Ausstattung hingewiesen: „Besonders die kahlen Schildwände der Querarme scheinen unbewältigt. Die Wandflächen zwischen beiden unteren Querarmfenstern, von Bibiena offenbar für einen großen Queraltar freigehalten, wird von Egells kleinem Altar nicht beansprucht." Im Falle des Chores ist dieser Bruch, wie wir sehen werden, noch viel eklatanter. Es fällt auf jeden Fall auf, daß alle nach Bibienas Tod für die Innenraumgestaltung eingesetzten Künstler Egid Quirin Asam, Paul Egell und Peter Anton Verschaffelt einer anderen Generation und anderen Raumkonzepten verbundenen Welten zugehörten.

Der damit angesprochene Konflikt in der Endgestalt der Mannheimer Jesuitenkirche hat aber noch eine andere Dimension, er betrifft im Kern jede Art von Kirchenbau. So markant Fassade, Turm oder Kuppel den Außenbau bestimmen und seine Einbindung in seine Umgebung festlegen, so nebensächlich sind diese. Denn die Architektur als solche legt ja nur einen funktionalen Rahmen fest. Der wahre Kern, die eigentliche Bestimmung enthüllt sich erst im Inneren einer Kirche.

Eine Kirche ist zunächst Gotteshaus, Versammlungsraum der Gläubigengemeinde und Ort der Litur-

:, in deren Mittelpunkt wiederum die Feier der . Eucharistie steht. Wie wir schon am Beispiel der ıppeln der Hagia Sofia und des Florentiner Doms d am Bauschema von Il Gesù sehen konnten, sind uformen nicht nur ästhetisch rezipierbare Formen, ndern hinter jeder noch so beiläufigen Form ver-:gt sich eine geistige Haltung und Einstellung.

2 *Das 'große Thema' und seine Vermittlung*

Die Künste im Dienst der Liturgie – vom Theatrum sacrum zum Theatrum honoris

Kehren wir wieder zurück zum Ausgangspunkt aller ırocken Kunst, zum Tridentinum. Dieses hatte sich :kanntlich für die Bildkünste entschieden, aber nicht ıs ästhetischen, vielmehr aus erkenntnistheoretischen Iotiven. Das Bild an sich sei nicht verwerfenswert, es ene der sinnlichen Erkenntnis höherer Glaubens-ahrheiten (vgl. im Mittelalter die Rolle der Anagogik) urch das einfache Volk, es ist vermögender als das Vort allein. Allerdings müßten die Bildkünste nicht ur um der Kunst willen, sondern ausschließlich im Dienste der wahren Lehre ausgeübt werden, die daher erechtigt sei, Inhalte und Modi für den richtigen Gebrauch zu steuern und zu kontrollieren. Dies galt ber nicht nur für die Anfangsphase des Frühbarock, es var noch voll wirksam und lebenskräftig im 18. Jahr-undert. Das Beispiel Vierzehn-Heiligen und Baltha-ar Neumann ruft uns diesen Sachverhalt ganz kräftig ns Gedächtnis zurück. Denken wir an die Forderung es Fürstbischofs Friedrich Karl an Neumann, den Kirchenbau „nach der wahren katholischen erforder-uss gantz zu machen".

Die Forderung des Konzils nach engster Zusam-nenarbeit von kirchlichen Auftraggebern und aus-ührenden Künstlern wird ja von Karl Borromäus in einen „Instructiones" auch auf die Architekten über-ragen. Außerdem sollte ja „der Kirchenraum (also das Kircheninnere!) seinen religiösen Inhalt dem Besucher ufzwingen", um zu bewirken: „Die Gesamtheit der Gläubigen war ein Herz und eine Seele" (Apg 4, 32). Zusammen mit der Notwendigkeit der missio canoni-ca (4. Lat. Konz.) war dies eine Aufforderung, Liturgie und Predigt so zu inszenieren, daß alle Gottesdienst-teilnehmer ergriffen würden von der Botschaft des Herrn, also eine mehr oder minder direkte Aufforde-rung zum Theatrum sacrum. Erst im Zusammenwir-ken großer Architekten, Dichter, Musiker, Bildkünst-ler und kirchlicher Auftraggeber entwickelte sich im Hochbarock eine reichere, d.h. für die Anforderungen des Theatrum sacrum flexiblere Architektur und eine adapte Bilderwelt. Neben die klassischen Themen der Heilsgeschichte wie Menschwerdung, Kreuzestod, Auferstehung, Geistsendung etc. gesellte sich in den

Osterleuchter aus versilberter Bronze von Klaus Ringwald (170 x 45 cm)

'concepten' der Theologen der Siegeszug des Katholizismus als Erfüllung der Heilsgeschichte in der gegenwärtigen Zeit. Die Heroen dieses Siegeszugs der katholischen Kirche waren die Apostel, die Heiligen und vor allem die Märtyrer, „weil großer Gewinn aus allen heiligen Bildern gezogen wird, weil die Wunder, die Gott mittels der Heiligen und ihres heilsamen Beispiels vollbracht werden, den Gläubigen vor Augen gebracht werden". (Tridentinisches Konzil, XXV, tit. 2)

Die Architektur selbst, genauer das Kircheninnere, wird wieder zum Abbild. In den Jahresberichten der Jesuiten über ihre Kirchenbauten werden deren Kongregationssäle mit aula bezeichnet, oft auch als aula mariana, d.h. als Schoß Mariens, in dem sich das Wunder der Menschwerdung Christi ereignet. So wie sich im Schoße Mariens dieses Mysterium vollzog, so geschieht gleiches innerhalb der versammelten Gläubigengemeinde beim Gottesdienst. Entsprechend der herausragenden Verehrung der Gottesmutter taucht diese, meist als Immaculata auf dem Hochaltar und/oder in der Kuppel auf. Im Kreise der sie umgebenden Schar aller Heiligen tauchen im „Himmel" der Kuppel gegen Ende des 17. Jahrhunderts in Ordenskirchen die selig- oder heiliggesprochenen Mitglieder des jeweiligen Ordens auf, das Theatrum sacrum „Aller Heiligen" wird immer mehr zum Theatrum honoris . Allen voran bei den Jesuiten.

Die Beurteilung der Rolle der Jesuiten wird gerade von deren Gegnern zu oft eingeengt und ahistorisch gesehen. Es wäre auf jeden Fall falsch, das Wirken dieses Ordens ausschließlich nach den Verfehlungen zu beurteilen, die 1773 zu seiner zeitweisen Aufhebung geführt haben. Die Mitglieder der Societas Jesu waren mit Sicherheit eine der geistig beweglichsten, weltzugewandtesten und wirksamsten Kräfte des reformierten neuen Katholizismus. Die Vertreter der Gegenreform waren in sich keineswegs eine homogene Gruppe. Innerhalb der Reformkräfte gab es leidenschaftlich geführte Richtungskämpfe um die Auslegung und effektive Handhabung der Beschlüsse von Trient. Den Höhepunkt dieser Richtungskämpfe brachte in den letzten zehn Jahren des Pontifikats Pauls V. der offene Streit zwischen den Jesuiten und den Dominikanern. Diese sahen sich als die Erben ihres großen Ordensbruders Thomas von Aquin und vertraten dessen rigorose Vorstellung von Gnade und beschränkter Willensfreiheit. Jene stießen sich an der Thomistischen Lehrmeinung, die sie als Behinderung

Taufe Christi, Silberrelief von Klaus Ringwald (Detail)

Kreuzigung, Silberrelief von Klaus Ringwald (Detail)

ihrer Lehr- und Missionsaufgabe einstuften, und traten für eine großzügigere Interpretation der Willensentscheidung des Individuums ein. Der einzelne Gläubige könne demnach durch seine persönliche Willensentscheidung mehr für sein Seelenheil bewirken, als dies die Thomistische Determinationslehre zulasse.

Außerdem, ganz wichtig für die Entwicklung der Barockkunst, war die jesuitische Grundeinstellung, daß die Glaubenswahrheiten mit dem Verstand allein dem einfachen Gläubigen nicht nahegebracht und einsichtig gemacht werden könnten, daß man vielmehr deren Sinne und Gefühle ansprechen müsse. Für die Maler forderte der jesuitische Traktatist Possevino, daß diese die Schrecken des Märtyrertums selbst leiblich nachempfinden müßten, um sie auch überzeugend darstellen zu können (Tractation Poesi et Pictura, Kap. 25). Keine andere Bewegung der Gegenreform hat Entwicklung und Fortgang der Barockkunst mehr beeinflußt als die Societas Jesu. Unter diesem Blickwinkel ist die spätestens 1738 erfolgte Entscheidung für die Baupläne Bibienas besonders befremdlich, unjesuitisch. Auch darüber bedürfte es einer speziellen Untersuchung.

Allgemein darf es nicht verwundern, daß die Jesuiten, die durch ihre verstärkte Seelsorge am Puls der Zeit saßen, das gewandelte Welt- bzw. Himmelsbild und die neue Frömmigkeit für ihre Aufgabe in Anspruch nahmen, auch bei der Innengestaltung ihrer Kirchen.

b) Der Sieg der Malerei über die Architektur oder: Der Himmel auf Erden (noch einmal das Beispiel der Kuppel)

Als Brunelleschi 1421 mit dem Florentiner Kuppelbau begann und dieses Titanenwerk auch vollbrachte, war die eigentliche Renaissance geboren. Nicht durch den Kuppelbau selbst (vgl. den Fall Hagia Sofia), aber die mathematischen und technischen Anstrengungen um die Domkuppel fallen ja zusammen mit dem gleichzeitigen Auftreten großer Neuerer auf allen Gebieten der Künste, auch den Artes Liberales der Antike. Diese ruhmreichste Epoche der nachrömischen Geschichte Italiens endet, wie wir bereits hörten, wieder mit einem Kuppelbau, noch gigantischer und noch vollkommener als der Florentiner Vorgänger: Michelangelos Kuppel der Peterskirche. Durch diese Koinzidenz einer Epoche mit zwei symbolischen Bauwerken könnte man das Rinascimento zeitlich eingespannt und definiert finden zwischen zwei Kuppeln.

Die Renaissancekuppel hatte jedoch mit der vorausgegangenen mittelalterlichen Kuppelsymbolik nur noch formal zu tun. Verloren war die sinnlich erfaßbare Präsenz des blauen Äthers und des Blinkens der Gestirne. Kassettendecken oder Trägerrippen der Kuppelsegmente zeigten die Kuppel als pure Architektur, zwar als großartige, aber doch als Bauwerk. Die Renaissancetheoretiker argumentierten zwar mit der Kreisform (s. Alberti) als Abbild Gottes, der Unendlichkeit und der Vollkommenheit, aber Mathematiker und Architekten waren eben doch keine Seelenhirten. Für spätere Generationen, z.B. die der Aufklärung, die der sozialen Umstürze und Begründer neuer Staatsformen, besaß die Tambourkuppel typische Renaissancekonnotationen: Humanismus, Vernunft, Freiheit. Die Renaissancekuppel verkörperte den Sieg des Humanismus über den Aberglauben, das Unwissen etc. Man denke nur an Boulés Entwurf für ein Newton-Monument! In dieser Form hatte die Renaissancekuppel über Kirchenbauten der Gegenreform ein geduldetes, weil ästhetisch nicht ersetzbares Nachleben, das aber die glühendsten Vertreter der Konzilsbeschlüsse nicht befriedigen konnte.

Glücklicherweise gab es aber eine auf antikes Erbe zurückgehende frühchristliche Tradition, die der Kuppel zumindest eine ephemere christliche Karriere auch im Barock sicherte. Die großartigste architektonische Verwirklichung der sphaira in der Antike war gewiß der von Aggrippa veranlaßte Rundtempel zu Ehren aller römischen Götter (= Pantheon). Papst Bonifaz IV. ließ den Tempel aller römischen Götter im Jahre 610 in ein christliches Gotteshaus umwandeln und weihte es der christlichen Himmelskönigin, der Jungfrau Maria und allen Märtyrern (Beatae Mariae et omnium martyrum). Später wurde aus dem omnium martyrum ein omnium sanctorum – in Entsprechung aller römischen Götter ein Himmel Aller Heiligen.

Die Identifizierung der Pantheonskuppel mit der antiken sphaira und danach als Abbild des christlichen Himmels ließ nach Apokalypse 7, 9-10, den Raum als Marien- und Allerheiligenhimmel nicht nur zu, sondern provozierte diesen Identifikationsvorgang geradezu.

Genau 914 Jahre später kam just auf dem Höhepunkt der Renaissance ein neuzeitlicher Künstler auf die Idee, der rational nüchternen reinen Architekturkuppel wieder ihre 'himmlische' Funktion zurückzugeben, als Öffnung zum Jenseits, zum eigentlichen Himmel, und

Stereometrisches Muster, Detail aus dem neuen Chorfußboden von Klaus Ringwald

als Wohnort der Heiligen. Der Maler, der zwischen 1526 und 1530 dieses (anderswo) unerhörte Ereignis zu Wege brachte, war Antonio Allegri, gen. Correggio, und zwar mit der Ausmalung der Kuppel des Doms von Parma. Für Insider galt Correggio schon immer als entscheidender Wegbereiter und Vorläufer der Barockmalerei. Einer, der das sehr früh erkannt hatte, war Vasari: „Wäre Antonios Begabung aus der Lombardei herausgekommen und in Rom gewesen, so hätte sie Wunder vollbracht ..."

Fast aufs Jahr genau ein Säkulum mußte Correggios Erfindung warten, bis sie nach Rom gelangte. Kein Wunder, ausgerechnet ein in Parma gebürtiger Maler brachte Correggios Übertragung des Allerheiligenhimmels auf die Renaissancekuppel in die Ewige Stadt: Lanfrancos Ausmalung der Vierungskuppel von S. Andrea della Valle – der zweitgrößten von Rom! – war nichts anderes als eine Übertragung des Correggio nach Rom. S. Andrea della Valle, die Hauptkirche der Theatiner, war aber eine wortgetreue Weiterführung der ersten wichtigen Kirche der Gegenreformation, des Gesù. Mit anderen Worten: die Kuppeln der Gegenreformbauten bekommen eine neue Abbildungsfunktion zurück, eine christologische Rechtfertigung des Allerheiligenhimmels. Zur selben Zeit, als der Parmigiano Lanfranco den Allerheiligenhimmel-Transfer von der Lombardei nach Rom vollzieht, blüht diese neue Form der Kuppelgestaltung in Genua, z.B. in S. Ambrogio, dem Gesù der Superba (Giovanni und Giovanni Battista Carlone, 1727–1728). Auch hier in der neuen führenden Stadt Italiens in der Malerei waren es also die Jesuiten, die die fortschrittlichen Kräfte für sich in Anspruch nahmen.

Florenz und Venedig hatten im 17. Jahrhundert ihre Führungsrolle in der Malerei abgegeben. Die zwei großen Foyers, in denen sich die fortschrittlichen Tendenzen trafen und befruchteten, blieben die Geschwisterstädte Rom und Neapel, die eine die Residenzstadt der Päpste, die andere die Hauptstadt der spanischen Vizekönige, Vertreter der wichtigsten Schutzmacht der Gegenreformation. Die fruchtbarsten und innovativsten Zentren befanden sich aber in Oberitalien, ganz besonders in Genua, der reichsten Stadt ihrer Zeit. Villen, Paläste und Kirchen boten eine Überfülle an Aufträgen. Ab der dritten Generation einheimischer Künstler war hier in Genua in der Freskomalerei alles aufgeboten, was grundsätzlich möglich war: reine Sottinsù-Malerei, Illusionsmalerei mit Raumöffnungen über dem Gewölbe, Perspektivmalerei im Sinne der klassischen Quadratura als Verlängerung der Realarchitektur, herkömmliche Quadri riportati, echte Architekturrahmung, Stuckrahmung und scultura finta: vom Fest für die Augen bis zur perfekten Täuschung der Sinne, alles war geboten und machbar.

Weil die Anzahl der genialen ligurischen Maler so groß war, zogen viele begabte Künstler in die Ferne: schon der Ahnherr der genuesischen Malerei, Luca Cambiaso, hatte im Escorial die Gewölbe des Chores ausgemalt, Bernardo Strozzi war nach Venedig ausgewandert, wo er die dortige in Stagnation begriffene Malerei befruchtete; ein anderes Genie, den jungen G.B. Gaulli, zog es nach Rom, wo er, ausgestattet mit seiner Genueser Ausbildung, den wichtigsten dort zu vergebenden Auftrag, die Ausmalung von Il Gesù, zugesprochen bekam (1669–1683).

Ein vierter oberitalienischer Maler (Andrea Pozzo) und die zweite Jesuitenkirche in Rom, S. Ignazio, vollendeten die Verschmelzung von Architektur und Malerei zugunsten einer neuen Frömmigkeit und Sehweise der Kirchengewölbe. Vier Jahre nach der Heiligsprechung des Hl. Ignatius, also im Jahre 1626, begann der Wettbewerbsieger für diesen Bau, der jesuitische Mathematikprofessor P. Orazio Grassi, die Kirche zu Ehren des Ordensgründers. Der Bau wurde nie richtig vollendet. Auf die ursprünglich geplante Vierungskuppel wurde schließlich verzichtet. Für den Innenraum war sie auch nicht mehr notwendig. Die hochentwickelte Quadratura-Malerei des Jesuitenlaienbruders Pozzo aus Trient bedurfte der Realkuppel nicht mehr. In einzigartiger Kühnheit bietet Pozzos Langhausfresko (1691–1694) die perfekte Illusion einer sich gewaltig auftürmenden Himmelsöffnung. Ohne Kuppel hat die Kirche ihren Himmel zurückgewonnen, ausschließlich mit den Mitteln der Perspektivmalerei. Außerdem hat die Kirche des Hl. Ignatius ein neues Thema, den Kirchenpatron selbst. Während in der Kuppel der Jesuitenkirche in Genua die Carlone-Brüder zu Beginn des Jahrhunderts mit Himmelfahrt Mariae und Gesamtheit der Engel, Propheten, Apostel und Heiligen nur wenig Raum für die Vertreter der Societas Jesu zuließen, ist in Pozzos Himmel gegen Ende des Jahrhunderts das Theatrum sacrum tatsächlich zu einem Theatrum honoris der Jesuiten geworden. In der Apsis breiten sich die wichtigsten Etappen im Leben des Heiligen aus. Doch die ganze Decke des Langhauses verwandelt sich in eine Apotheose, die der Aufnahme des Heiligen in den Himmel. Schier grenzenlos öffnet sich der Himmel ins Unendliche über der Kirche. Die Illusionsarchitektur verbindet zwar noch das himmlische Geschehen mit der Kirche darunter, mit der Welt der staunenden Gläubigen, doch die Randzone zwischen Gemälde und Realarchitektur ist durch plastische Verbindungen verunklärt. Das Auge vermag nicht mehr zu unterscheiden, wo reale Dingwelt beginnt und gemalte Illusion aufhört. Was sich im Kleinen in Berninis Cornarokapelle schon angedeutet hatte, fand nun durch Pozzos Großtat seine wahrhaft monumentale Inszenierung, das Theatrum sacrum auf seinem Höhepunkt.

Nach S. Ignazio hat Pozzo zwischen 1696 und 1700 nach dem gleichen Prinzip das Grabmal des Heiligen im Gesù gestaltet. Auch hier sind die Grenzen zwischen Wirklichkeit und Trugbild, zwischen Architektur, Plastik und Malerei aufgehoben. Noch während der Arbeiten an S. Ignazio, ab 1693, begann Pozzo seine Meisterschaft in der Kunst der Illusion in seiner mehrbändigen „Perspectiva Pictorum et Architectorum" an Kollegen (auch Theaterarchitekten!) weiterzugeben. Figur 94 aus dieser „Perspectiva" des Pozzo ähnelt frappierend dem „Längsschnitt durch eine Kirche" von Ferdinando Bibiena! Wer nicht nach Italien reisen wollte, konnte ab 1703 in der Wiener Jesuitenkirche die Illusionskunst Pozzos bewundern, wo dieser eine perfekt gemalte Kuppel unter die Decke des Mitteljoches zauberte, oder in der Wiener Franziskanerkirche (Hochaltar, 1707).

Die Weichen für eine neue Kunst, den Himmel über und in der Kirche, für die Kunst des süddeutschen Rokoko, waren gestellt. Es bedurfte nur noch der Geburtshelfer. Diese fanden sich in einem genialen Brüderpaar.

c) Die Revolution der Asambrüder

Das Leben Cosmas Damian Asams läßt sich überschaulich in vier prägende Abschnitte unterteilen:

27. September 1686 bis 7. März 1711: Kindheit im Kloster, Lehre und erste Arbeiten in der Werkstatt des Vaters und dessen Tod.

8. März 1711 bis 1715: Fertigstellen von begonnenen Arbeiten des Vaters, Romaufenthalt, Rückkehr nach Deutschland und erste Bewährung als selbständiger Künstler (Ensdorf, Dreifaltigkeitskirche in München, Metten).

1716 bis 1724: Auftrag für Weltenburg, Auftrag für Rohr (an Egid Quirin), Weingarten, Aldersdorf und Freising.

Nach 1724 bis 10.Mai 1739: Der Routinier und Lehrmeister einer Generation.

Für den jüngeren Bruder Egid Quirin Asam gilt Gleiches, nur mit kürzerem Vorlauf und längerem Nachspann. Entscheidend für die Einschätzung der künstlerischen Leistung von Cosmas Damian ist sein Romaufenthalt. Doch gerade für diese prägende Zeitspanne verlassen uns die biographischen Quellen. Wir wissen nur, daß er sich spätestens ab 1712 durch das Mäzenatentum des Tegernseer Abtes Millon in Rom aufhielt und daß er dort am 23.Mai 1713 in einem Malwettbewerb der St.-Lukas-Akademie den ersten Preis davontrug. Wie lange er wirklich in Rom war, was er dort gesehen hat und welchen Hin- und Rückweg er wählte, das wissen wir nicht. Dies wäre aber entscheidend. Denn in der Deckenmalerei hat Cosmas Damian um 1714 praktisch nichts grundsätzlich Neues entdeckt. Alles was er gemalt hat, gab es in Italien schon, zumindest in Oberitalien.

Cosmas Damians größte Herausforderung als Maler lag in seinem Auftrag in Weingarten, wo er sämtliche Gewölbe dieser größten Barockkirche Deutschlands zu gestalten und zu bewältigen hatte. In dem Maße, wie ein Künstler mit den Möglichkeiten der Malerei um 1718 eine solche Aufgabe bewältigen konnte, hat sie Cosmas Damian bravourös gelöst.

Seine größte Chance steckte im Auftrag für die benediktinische Abteikirche von Weltenburg. Dort entstand der eigentliche Cosmas Damian Asam, der Inszenator, Dramaturg und Arrangeur.

In Weingarten hatte er gezeigt, was der in Rom ausgebildete und prämierte Künstler alles bewältigen konnte. Alle Möglichkeiten der Deckengestaltung vermittels Malerei werden aufgeboten bzw. meisterhaft zitiert: Quadratura in verschiedenen Versionen, mal als Verlängerung der Realarchitektur, mal als abgekoppelte eigene Welt über der Kirche, mal abgeschlossener, mal offener Raum (Himmel), aber auch Mischformen von Außen- oder Innendarstellungen, sogar die klassische Allerheiligenkuppel à la Correggio, Lanfranco oder Carlone wird zitiert; selbstverständlich ist Pozzo präsent, aber auch Gregorio de Ferrari; mal wird die Zentralperspektive akkurat vorgeführt, dann beherrschen wieder chaotische Zustände den „Himmel".

Die großartigste malerische Schöpfung, vielleicht die genialste seiner Laufbahn, ist das Mittelstück des Langhauses von Weingarten: „Glorie des Hl. Benedikt". Was zunächst wie eine perfekte Verlängerung der vorliegenden Kirchenarchitektur nach den Regeln von Pozzos „Perspectiva" erscheint, entpuppt sich bei längerem Hinsehen als Auflösung dieser nur konstruierten Architekturwelt. Denn diese gemalte Scheinarchitektur führt nur bis zu einem bestimmten Punkt, nämlich bis dorthin, wo der Abschluß dieser Architektur in Gewölbe oder Kuppel, also die Endlichkeit der gemalten Scheinarchitektur selbst zu finden wäre.

Doch außerhalb und oberhalb der gemalten Vierungsbögen finden sich Wolken und blauer Himmel. Auch der Kuppelansatz bzw. deren Auflagering ist durch Goldfarbigkeit hervorgehoben, doch eine Kuppel gibt es dort oben nicht mehr. Wo die Kuppel, wenn auch nur symbolisch für Himmel, den Raum abschließen müßte, finden wir den Himmel selbst, aber nicht, wie zu erwarten wäre, den perspektivisch korrekten Blick in den Himmel, den Ausblick vom Diesseits ins Jenseits – etwas viel Großartigeres ereignet sich. Vom gleißenden Licht der Gottheit in Gestalt einer Kugel, die der Hl. Benedikt sehen darf, fallen Engel, Wolken, Lichtwirbel und -garben durch den Kuppelring in die Kirche darunter. Dieser Einbruch des Himmels in die Kirche findet mit solch radikalem Ungestüm, mit solch dramatischer Vehemenz statt, daß

Altardetail, Ansatz der Eckschräge mit Rankenornament und Fußbodenbordüre in Silber

– hat man den außerordentlichen Vorgang erst so ganz begriffen – sich die Eindrücke von Bestürzung und Beglückung vollständig vermengen.

Die Doppeldeutigkeit ist typisch barock. Der Blick in den Himmel macht den Betrachter zugleich zum Zeugen des Einbruchs des Himmels in diese Welt. Der Himmel kommt auf die Erde, bricht in die Kirche (= mystischer Leib Christi) ein, breitet sich real in der Kirche (als Gebäude u n d Gesamtheit der Gläubigen) aus, die Kirche i s t der Himmel auf Erden. Aber selbst hier wird die Doppelbödigkeit transparent: Das Herabholen des Himmels (der Götter) ist zutiefst antikheidnisch, gleichzeitig ist die Vorstellung der mystischen Präsenz Gottes im Gläubigen zutiefst transzendierend, also christlich gedacht. Der Januskopf des barocken Welttheaters lugt durch Cosmas Damians Vision der „Glorie des Hl. Benedikt“: ein Stilleben (frz. nature morte!) ist ja immer zugleich ein memento mori, und hinter dem sinnlichsten Aktbild verbirgt sich meist ein vanitas vanitatum. Die „Glorie des Hl. Benedikt“ in Weingarten ist gewiß, gemessen an den technischen und künstlerischen Möglichkeiten, ein Meisterwerk, sie ist aber mehr, sie ist eine Vision und – eine Aktion, ein tatsächlicher Vorgang, ein Ereignis zugleich.

Mit den in Ensdorf und Weingarten angedeuteten Möglichkeiten, sprich: Freiheiten der Deckenmalerei, hat Cosmas Damian der Malerei als solcher eine Unbekümmertheit und Beweglichkeit verschafft, daß es ihr möglich wurde, auch das Wunder zu zeigen. Doch Cosmas Damian wollte mehr. Wäre es bei Weingarten geblieben, Cosmas Damian Asam wäre seinen Zeitgenossen ein löblicher, bewundernswerter Maler erschienen, mehr nicht. Aber Cosmas Damian hatte in Weingarten begriffen, wo die Grenzen der damals bekannten Malerei lagen: in der Architektur. Was hilft die beste Illusionsmalerei und ‘sur’reale Bilderwelt, wenn die angestrebte Illusion beim Betrachter nicht stattfinden kann, weil jede Illusion als solche sofort enttarnt wird, jedes Bild als Bild erkannt wird, weil es im Kontext der allmächtigen Architektur, der Mutter der Künste, nie mehr als ein genau räumlich und seitlich begrenztes Malwerk an bestimmten freigehaltenen Flächen sein darf. Die Illusion stellt sich erst ein, wenn Architektur und Bildkünste zusammen einen Raum erstellen, der den Benutzer dieses Raumes in eine gewollte und beabsichtigte Erregung versetzt. Die Architektur muß zugunsten der die Illusion erst vollständig machenden Bildkünste auf ihre Vorrangstellung verzichten, sie muß letztlich in den Dienst der Illusion treten, zur Magd der Bildkünste werden. Ein unerhörter Gedanke, der Realität wurde über Aldersbach, Weltenburg, Rohr, Osterhofen, München und Straubing.

In Aldersbach konnte Cosmas Damian erstmals mit seinem Bruder Egid Quirin zusammen einen Kirchenraum gestalten. Das war die Revolution von Aldersbach (nicht das Deckengemälde!). Die Fortsetzung und Vollendung folgte. Und die Zeitgenossen hatten die Lektion begriffen: Steinhausen, Zwiefalten, Dießen, Wies, Ottobeuren, Birnau und viele andere Kirchen leben als Zeugen dieser Lehrstunde dem glücklichen Betrachter vor Augen.

Im Zusammenspiel von adapter Architektur mit den Bildkünsten wurde die perfekte Illusion möglich oder mit anderen Worten ausgedrückt: Wo die Korrektheit der Perspektive und die Gültigkeit klassischer Kompositionslehren, wo oben oder unten, zeitliches Vorher oder Jetzt, Logik oder Traum keine Kriterien mehr sind, wird das Unmögliche, sprich das Wunder möglich bzw. darstell- und nachvollziehbar mit allen Sinnen. Das Konzil von Trient hatte im Dezember 1563 festgestellt, daß „großer Gewinn aus allen heiligen Bildern gezogen wird ... weil die Wunder ... den Gläubigen vor Augen gebracht werden“. Der Hl. Karl Borromäus hatte verlangt, daß „der Kirchenraum seinen religiösen Inhalt dem Besucher aufzwingen soll“. Mit der Revolution der Asambrüder, mit dem Sieg der Malerei (oder Bildkünste) über die Architektur waren Wunsch und Wille der Gegenreformation in Erfüllung gegangen und die Kunst ganz und gar im Dienste der Liturgie aufgegangen.

Den Zeitgenossen war diese Frohe Botschaft förmlich ins Auge gestochen. Der Aldersbacher Chronist schrieb nach Vollendung der Asamdekorationen von einer „neuen Kunst“ (nova arte), und Augustin Fastl aus Polling, der Kirchweihprediger von Dießen, „sah einen neuen Himmel“ (vidi caelum novum) und führte wortreich aus: „Diese gegenwärtig Stüfft Kirchen ist ein unvergleichlich-heilig-neues Himmlisch Jerusalem“.

Just zu diesem Zeitpunkt, als die Asambrüder für eine Revolution und die Vollendung des gegenreformatorischen Kirchenbaus sorgten, beschloß man in Mannheim den Bau einer neuen Kirche der dortigen Societas Jesu. Doch dort stellte sich – welch paradoxe Situation oder welche Widersprüche der Zeit – die Situation genau umgekehrt dar. Dort hatte nämlich ab ca. 1730 ein gefeierter Dekorationskünstler bzw. Theaterarchitekt erstmals in seiner Karriere als Realarchitekt mit dem Bau einer Kirche begonnen, nach einem Modell, das sich zu den Bestrebungen der Asambrüder geradezu kontrovers verhielt. Nur unter diesem Aspekt kann man die Aufgabe von Egid Quirin in Mannheim verstehen.

3 Egid Quirin Asam in Mannheim

Betrachtet man die Umstände der Entstehung der Mannheimer Jesuitenkirche im Detail, dann wird die Beschäftigung des jüngeren der beiden Asambrüder gerade in dieser Kirche zum Ausgangspunkt einer

Entwurf für die Fresken in der Kuppel der Mannheimer Jesuitenkirche von Egid Quirin Asam

neuen Kette von Fragen und das Konto der mißlichen Umstände durch den frühen und unerwarteten Tod des Künstlers während der Arbeit um einen weiteren Minuspunkt vermehrt.

Die von Bibiena entworfene Kirche vertrat zwar im Prinzip den jesuitischen Typ in entfernter Nachfolge des Gesù, aber in der vom Architekten erstellten streng klassizistischen Auffassung des Typs muß der Ende 1748 fertige Rohbau doch einen recht nüchternen und kühlen Eindruck vermittelt haben. Welche Vorstellung die Asambrüder von einem der Liturgie entsprechenden Kirchenbau hatten und, wo es möglich war, realisierten, war spätestens seit 1720/21 bekannt. Der Name Asam besaß in Mannheim einen guten Klang, hatte doch der Ältere hier am pfälzisch-badischen Oberrhein zwischen 1728 und 1732 berühmte Zeugnisse seiner Kunst hinterlassen: Mannheim, Bruchsal, Ettlingen. Außerdem war Egid Quirin schon im Jesuitenkolleg tätig gewesen.

Hatte man Egid Quirin nur um der Fresken willen berufen, wo er doch eigentlich als das große plastische Pendant zu seinem Bruder galt und sein malerisches Werk so gut wie unbekannt war – und dies für ein damals fürstliches Honorar von 10 500 fl.? Sollte Egid Quirin die gesamte Innenraumgestaltung in seine Regie nehmen, und die nicht ausgeführten Stuck- und Figurenaufträge sind dem Sparerlaß zum Opfer gefallen oder wegen des vorzeitigen Todes unterblieben? Warum hat Egid Quirin trotz der für die Asamschen Vorstellungen höchst widrigen Umstände und trotz seines angegriffenen Gesundheitszustandes den Auftrag als Freskant angenommen? Wollte er sich neben seinem berühmten Bruder auch als Maler ein Denkmal setzen?

Fest steht, daß man sich mit Egid Quirin Asam den zu seiner Zeit berühmtesten Innenrauminszenator geholt hatte, dessen Vorstellungen bekannterweise diametral zum vorliegenden Rohbau standen, und der einer anderen Künstlergeneration und geistigen Welt angehörte als derjenigen, die hinter Bibienas Konzept erkennbar ist. Wollte man für die endgültige Fassung der Kirche das um die Mitte des 18. Jahrhunderts unzeitgemäße Kircheninnere bereits in statu nascendi modernisieren? Zu den Schicksalsschlägen der Mannheimer Kirche gehört es, daß auch dieser Rettungsversuch durch vorzeitigen Tod des beauftragten Künstlers nur teilweise zur Ausführung kam. Daß diese Fresken für immer verlorengingen, gehört andererseits auch zum Schicksal des malerischen Werkes von Egid Quirin Asam. Und daß sogar die nach der Bombardierung erhaltenen Langhausfresken durch Eigenverschuldung der Bausanierer erst verlorengingen, macht den Verlust noch tragischer.

Was wissen wir über die Fresken des Egid Quirin in Mannheim?

Wir wissen von den Restauratoren von 1906/07, daß die Kuppelfresken damals in einem besseren Zustand als die im Langhaus befindlichen waren. Es gibt unsystematische und nicht immer scharfe Amateurfotos in Schwarz-Weiß von einem Teil der Fresken, daneben existieren Inhaltsbeschreibungen aus der Zeit vor ihrer Zerstörung. Für das Kuppelfresko wird in Washington eine Aquarellskizze bewahrt, die zeigt, daß Egid Quirin für eine achtfach unterteilte Kuppelkalotte auf einen reichen Familienfundus von Skizzen und Entwürfen, meist aus der Hand seines Bruders, zurückgreifen konnte, z.B. für Ettlingen oder Friedberg. Außerdem hat Zeidler minutiös aufgezeigt, daß Egid Quirin für einzelne Szenen zwei „vitae per imagine“ aus dem Besitz des Jesuitenkollegs in Mannheim zur Verfügung standen.

Doch alles das genügt leider nicht, um über die malerische Qualität der Fresken en gros oder en detail etwas Konkretes auszusagen. Das letzte Zeugnis von Egid Quirins Leistung als Maler hatte 1947 aufgehört zu existieren. Die Jesuitenkirche von Mannheim hat mit den Fresken des Egid Quirin Asam nicht nur ein Kunstwerk von vermutlich höchstem Rang verloren, sondern auch ihr Gesicht. Denn Asams Aufgabe war ja, wie wir heute aus der damaligen Bausituation rückschließen müssen, eine doppelte. Den bis 1748 nach Plänen von Bibiena fertiggestellten Kirchenbau galt es ja bereits 1749 zu modernisieren. Das war für die Asambrüder keine unbekannte Aufgabe, denken wir nur an das große Modernisierungsprojekt des Freisinger Doms 1723 bis 1724. Dem vorhandenen, meist historischen Bau wurde zu diesem Zweck ein „neuer Mantel“ übergeworfen, denn diese Dekoration bildete ja in erster Linie den neuen liturgischen Raum, sie war zusammen mit den Fresken das „unerhört Neue“. Mit dieser modernen Dekoration war eine zweite fundamentale Aufgabe verbunden, sie war nämlich gleichzeitig der Träger des jeweiligen Kirchenprogramms, des ‘großen Themas’. Aus den Beschreibungen kennen wir wenigstens das ‘große Thema’ von Mannheim: Theatrum honoris der Societas Jesu, insbesondere seiner großen Heiligen Ignatius von Loyola und Franz Xaver.

Der Kulminationspunkt des Raums, die Kuppel, war dem Hl. Ignatius gewidmet. In acht radial um die Strahlenkrone Gottes angeordneten Einzelbildern fanden sich dort: Heilung durch Petrus, Schwertniederlegung, Priesterweihe, Teufelsaustreibung, Tod und Verklärung, Kanzelpredigt, Ordensbestätigung und Kleidertausch. In den Pendentifs hat nach dem Tod von Egid Quirin der Hofmaler Brinckmann nachträglich die für dort vorgesehenen Symbole der vier Erdteile angebracht. Im großen Langhausfresko erhält der anfängliche Weggenosse Loyolas und der erste Missionar des Ordens, Franz Xaver, seine Glorie. In fünf Szenen waren zu sehen: Taufe der Heiden, Flammenwunder, Stillung des Sturms, Tod Franz Xavers und die Apotheose des 1624 heiliggesprochenen Indien-

Historische Aufnahme der 1943 zerstörten Kuppelfresken von Egid Quirin Asam

und Chinamissionars. Für die Szene der Apotheose konnte Egid Quirin wieder auf eine aquarellierte Entwurfsskizze zurückgreifen, die Cosmas Damian schon 1721 für die zweite Langhauskuppel von St. Jakob in Innsbruck angefertigt hatte. Auch die Übernahme von Motiven aus Osterhofen konnte Zeidler aufzeigen. Über das Bildprogramm der Querhausgewölbe schweigen von Dehio bis Zeidler alle Autoren. Den zweiten Teil des Bildprogramms, sprich des 'großen Themas', erzählen uns die Seitenaltäre und vor allem der Hauptaltar.

4 Der Chor und sein barocker Altar

Jede Kirche, zumindest jede katholische, besitzt zwei Kulminationspunkte. In der Vertikalen stellt den natürlichen Höhepunkt im wahrsten Sinne des Wortes der Gewölbeabschluß der Vierung dar; sofern dort eine Kuppel besteht, bildet diese den architektonischen Krönungspunkt, und zwar für die Außen- wie für die Innenwirkung. In der Horizontalen bildet der Chor den optischen und funktionalen Brennpunkt, denn dort liegt ja das liturgische Zentrum der Kirche, und darin zieht wiederum der Hochaltar als Aufbewahrungsschrein des Allerheiligsten und Vollzugsort des Mysteriums der Eucharistie alle Blicke auf sich. Deshalb soll er ja nach Anleitung des Hl. Borromäus über mehrere Stufen erhoben und gut sichtbar für die Gläubigen herausgestellt sein.

In der nicht unproblematischen Entstehungsgeschichte der Mannheimer Jesuitenkirche ist der Chor aber noch in einer anderer Hinsicht eine Steigerung, nämlich in der Verdichtung der dramatischen Umstände seiner Entstehung.

Das wenige, was wir an Fakten über die Geburtswehen dieser Kirche besitzen, reicht aus, um hier eine spannende Dramaturgie rekonstruieren zu können.

Bibiena und sein Chor bzw. Hauptaltar

In Ermangelung von erhaltenen Dokumenten seiner Tätigkeit als Realarchitekt sind wir in bezug auf sein Hauptwerk verwiesen auf Monumentenbestand, Baudaten (Rechnungen etc.) und spärliche biographische Notizen: alle zusammen sind aber im höchsten Grade interpretationsbedürftig.

Der Kirchenbau war im Todesjahr des Architekten bautechnisch abgeschlossen. Die gesamte Innenausstattung erfolgte nach dem Tode Bibienas. Nochmals muß die Frage auf den zumindest entwerfenden Anteil des Kirchenarchitekten Bibiena bei der Innenraumgestaltung aufgeworfen werden, denn die Kirche als Gotteshaus und als Liturgieraum unterliegt anderen Vorstellungen als die blanke Architektur als Rahmengehäuse dieser Primärfunktion. Zeidler hat in seiner gewiß vorbildlichen, akribischen und verdienstvollen Dissertation diese wichtigen Fragen nicht einmal tangiert, geschweige denn untersucht. Ihre Beantwortung ist insofern von prekärer Konsequenz, da ja die Innenraumgestaltung als Illusionsarchitektur gerade die anerkannte Stärke Bibienas und Grundlage seiner hohen Wertschätzung bei seinem Gönner Kurfürst Carl Philipp war.

Nachdem ab 1747 der bevorstehende Abschluß des Kernbaus absehbar war, hätte nun die ganze Kraft und Aufmerksamkeit des Architekten der Innenraumgestaltung gelten müssen. Daß keine Pläne und Skizzen erhalten sind, spräche im vorliegenden Fall nicht gegen Bibienas Konzentration auf diese abschließende Arbeit. Doch wir finden Bibiena statt dessen dabei, Altäre für die Heidelberger Heilig-Geist-Kirche zu entwerfen, sich am Wettbewerb um die Stuttgarter Schloßneugestaltung zu beteiligen und den Schloßgarten von Schwetzingen neu zu planen. Die zügige Fertigstellung seiner Hauptaufgabe unterbleibt seltsamerweise. Neben den Eigenmächtigkeiten Rabaliattis spricht auch dies für eine schrittweise Entlassung Bibienas aus seiner Aufgabe Jesuitenkirche.

1742 war sein Freund und Gönner Kurfürst Carl Philipp gestorben. Die Bauarbeiten kamen zum Erliegen. Erst nach der persönlichen Demarche von Pater Seedorf – vormaliger Erzieher des damaligen Prinzen Carl Theodor – kommt es zur Zusage des neuen Kurfürsten zur Weiterförderung des Kirchenbaus, doch mit Auflagen. Carl Theodor teilte nicht mehr den 'gout' seines Vorgängers und dessen Günstling Bibienas, seine Neigung tendiert in Richtung „Moderne", sprich Rokoko. Waren die gezielten Auflagen des Sparerlasses, „Bedacht zu nehmen, daß die Gelder nicht zu überflüssigen Zierraten nach des Architekten eigener Willkür ... verwendet werden mögen", gegen bekannte theatralische Ausschmückungen des Theaterarchitekten Bibiena gemünzt? Es scheint fast so. Als Vertreter des 'gout moderne' war dem neuen Hauptfinanzier Carl Theodor die schon erkennbare Architektur zu kalt, zu klassisch, zu akademisch. Beide nach Fertigstellung des Rohbaus für die Innenausstattung eingestellten Künstler vertraten die 'neue' Kunst, die auch dem Geschmack des Kurfürsten entsprach.

Der Beitrag von Paul Egell

Ab 1748 wird als neuer und einziger Hofbildhauer der gebürtige Mannheimer und bei Permoser in Dresden ausgebildete Paul Egell eingestellt. Zu seinen Aufgaben gehörte zunächst die Ausstattung der Kirchenfassade mit den noch fehlenden Skulpturen, in Marmor versteht sich. Wann die ersten Kontakte mit Egid Quirin stattgefunden haben, ist nicht rekonstruierbar. Aber seit Märzbeginn 1749 ist der jüngere Asam bereits in Mannheim tätig. Die Rekordzeit, in der er mit nur

Langhausfresko von Egid Quirin Asam

Kurfürst Carl Theodor von der Pfalz, Stich von Rabaliatti in der Festschrift „Basilica Carolina" von 1760

einem Gehilfen die Deckenfresken fertiggestellt hat, setzt vorherige Kontakte mit der und Planungen für die Mannheimer Jesuitenkirche fast voraus. Außerdem war das zugesagte und im voraus bezahlte fürstliche Honorar (man denke an den Sparerlaß!) von 10 500 fl. für Egid Quirin Asam kaum für die Ausmalung der Gewölbe und der Kuppel allein gedacht. Im Vergleich: Bibiena bekam als kurfürstlicher Oberbaudirektor ein Jahressalär von nur 2 000 fl.!

Die beiden nacheinander mit der Innenausstattung betrauten Künstler Asam und Egell fanden ein schweres Erbe für ihre Innenraumvorstellungen vor, denn der Chor war ja schon zu Lebzeiten Bibienas fertig. Und dieser Chor weist eine Besonderheit, für die Nachfolger Tücke auf, er ist ungewöhnlich mit zwei Reihen von jeweils fünf hohen Fenstern durchlichtet. Als Bibiena, der geniale Theaterarchitekt und Bühnenbildner, diese höchst unorthodoxe Durchfensterung des halbrunden Chores geplant hatte und auch ausführen ließ, muß er schon eine ganz bestimmte Lichtsituation und Chorgestaltung fest vor Augen gehabt haben. Was in diesem uns unbekannten Konzept überhaupt keinen Platz gehabt hätte, wäre eine zu dieser Zeit übliche 'Hochaltarmaschine'. Ein solcher rückwärtig geschlossener Altarapparat wäre hinten beleuchtet gewesen, die Publikumsseite wäre aber im Gegenlicht gestanden und somit dunkel geblieben. Am ehesten vorstellbar wäre eine umseitig freie, von allen Seiten einsehbare und beleuchtete monumentale Freifigurengruppe, wie sie Ende des 17. Jahrhunderts von Parodi für den Chor von S. Maria di Castello in Genua geschaffen worden war. Treibt man die Phantasie in Richtung des Bühnenbildners Bibiena weiter, wäre sogar eine große Hängegruppe über dem Altar vorstellbar, auch als persönliche Reverenz an die gegenüberliegenden erhöhten kurfürstlichen Oratorien. Wie problematisch die Lichtführung im doppelt durchfensterten Chor war, wird sich noch später zeigen.

Nach dem überraschenden Unfalltod Egid Quirins, des unbestrittenen Meisters von theatralischen Chorlösungen, hatte nun Egell den Schwarzen Peter der Chorraumgestaltung und des Entwurfs für den Hochaltar. Aus seiner Hand (oder zumindest ihm zugeschrieben!?) existiert eine Entwurfszeichnung der späteren Hauptgruppe des Altares: die Entsendung des Hl. Franz Xaver in die Mission durch den Hl. Ignatius von Loyola. Diese Figurengruppe für sich allein entspräche einer Freifigurengruppe, die allein die Chorraumdurchfensterung favorisieren würde. Hat Egell diese Vorstellung einer monumentalen Freifigu-

Paul Egell zugeschriebene Entwurfszeichnung für den Hochaltar, Wallraf-Richartz-Museum Köln

rengruppe zunächst von Bibiena übernommen und dann abgeschwächt, indem er zugunsten seiner Lieblingsvorstellung vom Säulenaltar diese Gruppe verkleinerte und in die Säulenstellung inkorporierte? Allerdings nehmen die Säulen, bei aller Transparenz ihrer Stellung, der Gruppe Raum und Licht.

Der Vertreter der dritten Generation: Peter Anton Verschaffelt

Auch im Falle Egells schlug das böse Fatum, das die Entstehungsgeschichte der Kirche umdräute, zu. Egell kam nur dazu, ein Holzmodell des von ihm geplanten Hochaltares im Größenverhältnis 1:1 anzufertigen, für dessen Realisierung bereits die Marmorsäulen geliefert, aber dessen ebenfalls in Marmor vorgesehene Großfiguren noch nicht angefangen waren.

Egells gleichfalls überraschender Tod forderte einen neuen Bildhauer. Trotz des Sparerlasses (!) wurden keine Kosten gescheut, einen würdigen und damals namhaften Künstler für die endgültige Fertigstellung des Hochaltars und der restlichen Skulpturenausstattung zu gewinnen. Bereits gut ein halbes Jahr nach dem Tod Egells traf der neue Mann ein: Peter Anton Verschaffelt. Dieser hatte in Rom studiert und dort Karriere gemacht und war gerade in London tätig.

Verschaffelt gehörte nun aber seinerseits einer neuen sich abzeichnenden Kunstauffassung an, die in Konkurrenz zum Rokoko das Wettrennen um die Zukunft gewinnen sollte, dem Klassizismus. Als Verschaffelt im August 1752 in Mannheim eintraf, fand er die folgende Situation vor: Im Chor stand als liturgisches Provisorium das Holzmodell Egells ohne die vorgesehenen Skulpturen, und die dafür bestimmten Monumentalsäulen waren bereits geliefert und bezahlt. Verschaffelt studierte eingehend Kirchenarchitektur, Raum und Chorsituation und entwickelte eigene Ideen. Seine Konkurrenzentwürfe zum Egell'schen (oder z.T. Bibiena'schen?) Modell kennen wir Dank der Findigkeit Zeidlers. In beiden Modellzeichnungen entwirft Verschaffelt eine Chor- bzw. Altarlösung, die der vorgegebenen Architektursituation völlig Rechnung trägt: Verzicht auf einen bombastischen Altarapparat in dem ohnehin kleinen, sprich beengten Chorraum, stattdessen eine schlichte Altarmensa, abgerückt von der halbrunden Chorwand (also freistehend!), und an der Chorwand in der Achsennische statt des unteren Mittelfensters eine große Skulptur des Ordensgründers in weißem Marmor.

Diese Lösung war genial, sogar kongenial. Verschaffelt hatte die vorgegebene Architektursituation nicht nur genau seziert, sondern sensibel den offenkundigen Zusammenhang von spätem Barockklassizismus und Neoklassizismus, unter Umgehung der Rokokorevolution, verstanden. Der vorgehaltene Nachteil Bibienas mit seiner obsoleten und verspäteten Klassik und der

Entwurfszeichnung von Peter Anton Verschaffelt zu einem Alternativvorschlag für die Mannheimer Hochaltarlösung, Kurpfälzisches Museum Heidelberg

avantgardistische Vertreter des neuen Klassizismus trafen sich versöhnlich in der Jesuitenkirche in Mannheim. Verschaffelt hatte der für sich spröden und kühlen antikisierenden Chorarchitektur ihre gesammelte Würde belassen, das geforderte 'große Thema' wenigstens ansatzweise erfüllt und den kleinen Chorraum selbst durch Offenlassen seine strahlende Helligkeit zurückgegeben. Dazu gesellte sich das verhaltene Pathos seiner Skulptur, das sich wundersam zusammenfügte mit der von Bibiena gewollten Architektur.

Doch des Unglücks Mächte lauerten auch auf Verschaffelt. Diesmal nicht in Gestalt des Unentrinnbaren, sondern in Form der Geld- und Auftraggeber. Die einmalige Chance für eine stilistisch hochwertige und in sich stimmige Chorlösung wurde diesmal offensichtlich von Seiten der Auftraggeber abgelehnt und

Verschaffelt gezwungen, den Hochaltar nach dem Entwurf von Egell fertigzustellen. Lediglich in der Gestaltung der Figurengruppe hatte der Vollender des Hochaltars freie Hand. Der Grund für diese Auftraggeberhaltung dürfte zweifacher Natur gewesen sein.

Der neue Mäzen Kurfürst Carl Theodor und vermutlich auch die neue Generation der Jesuiten in Mannheim hatten sich auf die Rokokolösung festgelegt und diese favorisiert. Verschaffelt hatte noch nicht die Autorität und den Namen eines Asam oder des genius loci, Egell, um seine (geeignetere) klassizistische Lösung durchzusetzen.

Der zweite Grund dürfte wieder finanzieller Art gewesen sein. Dem international renommierten Egid Quirin Asam hatte man die gigantische Summe von 10 500 fl. für die Innenausstattung gewährt und schon bezahlt. In dieser Summe war als Gegenleistung sicher mehr als die Ausmalung der Gewölbe enthalten; es ist davon auszugehen, daß man Asam für die gesamte Innenausgestaltung geholt hatte. Dessen unvorhersehbarer Unfalltod und die geleistete Vorauszahlung hatten wieder einmal die Generalcassa erschöpft. Egells Witwe bekam z.B. für die Erstellung des Holzmodells auf Schätzung von Verschaffelt nur 100 fl. zugesprochen. Verschaffelt selber wurde ein Jahresgehalt von 600 fl. zugestanden (zuzüglich Kost und Logis). Überdies waren ja die 1751 bereits bestellten und im folgenden Jahr von Strahl gelieferten sechs Prunksäulen schon bezahlt und bereit für ihre Verwendung.

Erst nach fünf Jahren Arbeit an Altar und anderen Skulpturen erhielt Verschaffelt auf seine persönliche Beschwerde beim Kurfürsten hin eine zusätzliche Abschlagszahlung zugestanden und 7 197 fl. von den Jesuiten für geleistete Auslagen für Material und Handwerkerkosten. Nach zwei weiteren Jahren (September 1759) bekam Verschaffelt nach abermaligen zähen Verhandlungen erneut 3 500 fl. bewilligt. Außerdem wurde ihm bei dieser Gelegenheit bedeutet, daß er die Altarfiguren nicht wie geplant in Marmor, sondern in Stuck auszuführen hätte. Verschaffelt hatte nun die Nase voll und lieferte prompt die schon lange im Atelier fertigen und bereits 1755 von Hofmaler Besoldt für 50 fl. gefaßten Gipsmodelle und ließ diese dann aufstellen. Für die endgültige Aufstellung der Figuren ließ Verschaffelt wegen der ungünstigen Gegenlichtsituation die unteren Chorfenster mit Vorhängen zuhängen. Später wurden diese verhängten Fenster sogar zugemauert und erst bei den Restaurierungsarbeiten 1906/07 wieder aufgebrochen. Auch das unfertige Tabernakel wurde, so wie es war, ausgeliefert, das noch fehlende 'Vergülten' wurde auf den Sankt Nimmerleinstag verschoben. So konnte schließlich am 18. Mai 1760 das Verdrußwerk des Hochaltars und mit ihm die ganze „Basilica Carolina" 'hochfeierlich' eingeweiht werden. Eine anschauliche und begeisterte Beschreibung des Hochaltares im Zustand vor der Zerstörung (s. Anhang 2) ist nachzulesen in Barths Festschrift zum 200jährigen Gedenken an die Grundsteinlegung der Kirche im Jahre 1733.

5. Die Fülle der Zeit

Als P. Desbillon 1764 nach Mannheim kam, jubilierte er: „Unsere Kirche ist von überraschender Schönheit. Der Marmor, welcher überreiche Anwendung fand, der Porphyr, das Gold und die Malerei der Kuppel und das Gewölbe geben einen Glanz und Schimmer, den die berühmten Kirchen von Paris nicht erreichen."

Immerhin hatte der nach vielen Hindernissen nun endgültig abgeschlossene Bau der Mannheimer Jesuitenkirche das von Kurfürst Carl Philipp veranschlagte Budget von 150 000 fl. um das Dreifache überstiegen, bei einer Bauzeit von 22 Jahren. Vergleichen wir damit einen fast gleichzeitigen Bau, die größte Barockkirche Deutschlands, nämlich die Abteikirche von Weingarten, so ergeben sich doch recht beträchtliche Divergenzen. In Weingarten hatte Abt Hyller seine Kirche von den Grundmauern bis zur kompletten Innenausstattung in sage und schreibe acht Jahren durchgezogen, und das bei einer Bausumme von 210 969 fl., wie in den beiden Kostenverzeichnissen im Ludwigsburger Archiv nachzulesen ist.

Die widrigen Umstände bei der Entstehung der Mannheimer Kirche erklären die signifikanten Unterschiede in Baufortgang und Kosten im Vergleich zu Weingarten. Es spricht immerhin für die Betreiber des Mannheimer Vorhabens, daß trotz allem das einmal begonnene Projekt konsequent zu Ende geführt wurde.

Als zu Beginn der dreißiger Jahre des 18. Jahrhunderts der kurfürstliche Theaterarchitekt Bibiena von höchster Stelle damit konfrontiert wurde, die Kirche der Jesuiten zu planen und auszuführen, deren zweite Funktion als Hofkirche spätestens seit 1733 feststand, hatte er sich als unerfahrener Realarchitekt um Rat an seinen Vater Ferdinando in Wien gewandt (lt. Zeidler). Letzterer hatte seinem Sohn Pläne, zumindest den bekannten „Längschnitt durch eine Kirche" geschickt. Dieser Baurіß stammte von 1714, war somit zum Zeitpunkt seiner Wiederverwendung maximal 18 Jahre alt, also noch keineswegs veraltet. Der durch Ferdinandos Zeichnung vertretene Kirchentyp bot ein damals vertrautes und verbreitetes Schema, das dank seiner Kuppel als Repräsentationsarchitektur beim Geldgeber Carl Philipp und wegen seiner erkennbaren Verwandtschaft mit dem Urtyp des gegenreformatorischen Kirchenbaus, dem Gesù in Rom, auch bei den Jesuiten gute Aussichten auf Akzeptanz gewährleistete. Daß eine Kreuzkuppelkirche mit Kapellensaal selbst um 1738 als Kirchentypus noch denkbar war, zeigen die etwas späteren bekannten Modelle für Birnau und

Vierzehn-Heiligen. Daß aber im Laufe der sich hinziehenden Bauzeit der allgemeine Trend über diesen nicht mehr ganz aktuellen Typus hinwegging, ist ein vielerorts auftretendes Phänomen auch bei anderen bekannten Bauwerken.

Immerhin gelang es Bibiena trotz oder gerade wegen der begrenzten Baufläche durch Verkürzung der Längsachse bei gleichzeitiger Beibehaltung der vorgesehenen Gesamthöhe einen wohlproportionierten, aufsteilenden und sich dem Zentralbau annähernden Raumkörper zu erstellen, was durchaus als hervorhebenswerte architektonische Leistung gelten kann. All dies würde, stünde der Bau südlich der Alpen, gerade wegen der klassischen Baugesinnung, durchaus Anerkennung, vielleicht sogar Bewunderung hervorrufen. Der mehr zufällige Standort am Oberrhein ändert an dieser Situation nichts.

Was die Grundsituation der Kirche von Mannheim anbelangt, nämlich Ordens-, Gemeinde- und Hofkirche zu sein, so erfüllte sie vorbildlich alle diese drei Anforderungen, auch in ihrem ikonographischen Programm gemäß der jüngeren Entwicklung vom Theatrum sacrum zum Theatrum honoris der Orden. Die Präsentation des Jesuitenordens wiederholt in diesem Fall nur die damals übliche Wandlung in der Betrachtung der Heilsgeschichte als etwas der Gegenwart Zugehöriges. Der Legitimation der Heilsgeschichte, also des Geschehenen im Jetzt, entspricht reziprok die Vorstellung von der Rechtfertigung der aktuellen Zeit als Vollendungszeit eben dieser Heilsgeschichte. Historizität einerseits und ahistorische Betrachtung des eigentlich abgeschlossenen Geschehens andererseits vermengen sich zu einem neuen Totalverständnis von Kirche, Missionsauftrag und Glaubensbotschaft.

Die letzten zwölf Jahre der Fertigstellung der Mannheimer Jesuitenkirche gleichen einem Drama. Vom Tode des Architekten, des ersten und zweiten Ausstattungskünstlers bis zu den Unzulänglichkeiten bei der Vollendung durch den dritten Ausstattungskünstler – die 1760 eingeweihte Fassung ist Zeuge dieser tragischen Ereignisse, die sich dem sensiblen und geschulten Beobachter als Stilbrüche darstellen. Aber solche Brüche kann man auch als etwas höchst Lebendiges erkennen.

Tatsächlich ist das Dixhuitième als Ganzes betrachtet ein Jahrhundert der Gegensätze und Spannungen, die sich besonders ab der Jahrhundertmitte abzuzeichnen beginnen: höfische Überspanntheit und soziale Spannungen, Pietismus und Aufklärung, Rokoko und Klassizismus, religiöse Exaltiertheit und einsetzende Industrialisierung, alles entlädt sich in Europa mit einem schrecklichen Fanal, der Französischen Revolution. Doch vorher war alles möglich, siehe den Hochaltar der Jesuitenkirche. Es wird nun auch verständlich, warum ästhetischen Puristen diese Kirche Unbehagen bereitete, bereiten mußte, und warum eine rein formale 'Auswertung' des Baus zu keinem adäquaten Ergebnis führen konnte.

Die Kirche als mystischer Leib Christi, als die Gesamtheit aller Gläubigen, und die Kirche als Bauwerk sind Abbild, nicht nur der Glaubensinhalte, sondern auch der mit dem Leben verbundenen Spannungen. In dem kurzen Zeitraum von 1740 bis 1760, also der entscheidenden Phase der Entstehung der Jesuitenkirche in Mannheim, sind an dieser alle damaligen Möglichkeiten präsent, die die Jahrhundertmitte im Kirchenbau und in der Kunst anzubieten hatte, vom Traditionalismus, also dem Fortleben obsoleter Formvorstellungen (Bibiena), über gegenwärtige Trends (Rokoko) bis zur Ankündigung neuer Wege und Möglichkeiten (Klassizismus). Nirgends haben sich die Jahrhundertmitte und ihre Möglichkeiten bzw. ihre Spannungen so konzentriert, so verdichtet, wie in der Mannheimer Jesuitenkirche. Diese ist demnach nicht nur ein Füllhorn der verschiedenen Formen und Stile, sie ist die Fülle der Zeit.

Gesamtansicht der Jesuitenniederlassung in Mannheim, Stich von Rabaliatti in der Festschrift „Basilica Carolina" von 1760

A. Collegii, B. Te

Societatis JESU

Raballiati delineavit

tus

, et C. Gymnasii,

hemii ab Oriente.

POST MORTEM RESURRECTIO

1 Weiteres Schicksal der Kirche

War schon die Entstehungsgeschichte des 1760 eingeweihten Gotteshauses reichlich bewegt, um nicht zu sagen dramatisch, so sollte auch die Lebensgeschichte der einstigen Jesuiten-, Hof- und Gemeindekirche unter keinem günstigen Stern stehen. Dreizehn Jahre nach deren Einweihung verfügte Papst Clemens XIV. mit seinem Breve „Dominus ac Redemptor noster" die Aufhebung des Jesuitenordens. Kurfürst Carl Theodor nahm die päpstliche Verfügung an und teilte am 15.November den PP. Soc. Jesu den Beschluß des Hofes mit. Dies war aber ein klarer Verstoß gegen den Wortlaut der Schenkungsurkunde vom 18.März 1738, wo es eindeutig unter Item 4 heißt: „daß bei allen und jeden sich ereignen mögenden Regierungs- und Religions-Veränderungen denen Patribus S.J. ... die Kirche ganz eigen und mit Vorteilen für beständig verbleiben soll". Nochmals zwei Jahre später müssen die letzten Jesuiten auch ihr Kolleg räumen. St. Ignatius und St. Franz Xaver zu Mannheim hat aufgehört eine Ordenskirche zu sein.

Und wiederum nur ganze fünf Jahre nach dem päpstlichen Breve zog Carl Theodor mit seinem Hofstaat in seine neue Münchner Residenz. Damit war die Kirche de facto auch keine Hofkirche mehr. Zwar wird ab Ende 1781 das Gotteshaus den französischen Lazaristen zur Betreuung überstellt, doch auch deren Orden wird 1794, also wiederum 13 Jahre nach der Übernahme, aufgelöst.

Nach der Wiederinbetriebnahme der Kirche im Jahre 1802 als provisorische Gemeindekirche wird St. Ignatius und St. Franz Xaver 1804 endgültig und für immer eigene Stadtpfarrkirche der neu gegründeten Oberen Pfarrei. Die einstige Jesuiten- und Hofkirche diente seither nur noch den Gläubigen dieser Oberen Pfarrei als deren Gemeindekirche. Generationen von Mannheimern feierten dort Messe, Weihnachten, Ostern, Pfingsten, Taufe und Trauung. Sie liebten 'ihre' so schöne Kirche und identifizierten sich mit ihr. 1906/07 erfolgte die erste umfangreiche Restaurierung. Eine erneute Instandsetzung des Gotteshauses folgte in den Jahren 1932 und 1933, gerade rechtzeitig zur zweihundertjährigen Wiederkehr der Grundsteinlegung. Leo Barth schrieb damals die zweite Festschrift für die Feierlichkeiten zu Ehren der Kirche.

2 Wiederaufbau oder Neuschöpfung?

Zehn Jahre nach dem Jubiläum traf die Jesuitenkirche von Mannheim der schwerste Schicksalsschlag, die ersten Bombenschäden vom September 1943, denen die zweite Bombardierung im Januar 1945 folgte. Was noch stand, mußte gestützt und notdürftig konserviert werden. Die „dritte Bombardierung" nahmen die Mannheimer selber vor, die Vernichtung der noch erhaltenen Langhausfresken von Egid Quirin Asam bei den Sanierungsarbeiten.

Trotzdem wurden nach dem Krieg unter der Verantwortung zunächst des freien Architekten Koch und später ab 1947 unter der Leitung der Erzbischöflichen Oberbauräte Ohnmacht und dessen Nachfolger Rolli die ersten Wiederaufbaumaßnahmen eingeleitet. Für die Angehörigen der Oberen Pfarrei gab es überhaupt keine Zweifel, daß ihre Pfarrkirche in der alten Form wieder erstehen sollte.

1947 Rückkehr der Glocken, 1949 Fertigstellung des neuen Hauptdaches und Glockenweihe, 1952 Aufstellung der neuen Orgel, 1953 Erneuerung der Fassadentürme, 1955 Wiederherstellung der Kuppel, 1958 Einweihung der Michaelskapelle in der Krypta, 1959 abschließende Stuck- und Malerarbeiten, dies sind die zügigen Schritte zur Rückgewinnung des vertrauten Gotteshauses. Nach sechzehn Jahren kann am 16. August 1959 im Chor wieder die erste Heilige Messe gefeiert werde. Als 1960 die stützende Trennmauer zwischen Quer- und Langhaus abgebrochen wird, Gestühl und Fußbodenbelag wiederhergestellt sind und die Kanzel angebracht ist, kann genau zum zweihundertsten Gedenktag der ersten hochfeierlichen Einweihung die neue Konsekration durch Erzbischof Dr. Hermann Schäufele vorgenommen werden.

Bis zu diesem Datum, dem 6. November 1960, waren die Gläubigen „ein Herz und eine Seele". Doch nun, da das alte Gotteshaus in seiner alten Form wiedererstanden war, entbrannte die Diskussion um die Gestalt des Kircheninneren: Wiederherstellung im alten Stil oder Neues, Zeitgemäßes schaffen?

Hinter dieser Frage stand eine Reihe zunächst unlösbar scheinender Probleme der Kosten, der Denkmalpflege und Kunstgeschichte (das hohe künstlerische Niveau der Erstausstattung), der Theologie ('Großes Thema' der Jesuiten) und der Liturgiereform des Zweiten Vatikanischen Konzils (1962–1965).

Die Verantwortlichen der Pfarrei (Pfarrer, Erzbischof und Bauamt) machten sich die Entscheidung nicht leicht; in den Gremien wurde ernsthaft gerungen. Schlußendlich setzten sich die Befürworter einer Rekonstruktion des barocken Hochaltares durch. Noch aber fehlte die Zustimmung des Erzbischöflichen Ordinariats und insbesondere des Landesdenkmalamts Baden-Württemberg, das eine Rekonstruktion nicht befürworten konnte. Den Durchbruch erzielte schließlich nach jahrelangem Ringen 1986 eine politische Initiative der Mannheimer Landtagsabgeordneten Gerhard Bloemecke (CDU) und Dr. Helmut Münch (SPD) im Landtag Baden-Württemberg. Die Argumente, die sich vor allem um die Rekonstruktion der alten Choreinrichtung (Hochaltar, kurfürstliche Oratorien) drehten, hat Lindner in seiner schon erwähnten Artikelfolge 1988 im Katholischen Gemeindeblatt am besten zusammengefaßt: „Wer aber in Architektur und Ornamentik, Harmonie und Optik nur Schönheit sieht und findet, erfährt von der 'Theologie' des Werkstückes nichts, er hat von seiner Aussage nichts begriffen. So hat jede Barockkirche ihr 'großes Thema'. Ein Fehlen dieser theologischen Aussage im dargestellten Thema des Hochaltar-Retabels wirkte fast peinlich. Der wiederhergestellte Raum hat kein angemessenes Zentrum. Die Lücke kann aber nur durch einen Altar in denselben historischen Dimensionen des ursprünglichen Konzepts geschlossen werden. Der Kirche dieses Thema nehmen, hieße an ihr Verrat begehen ... Über die Bedeutung der Mannheimer Jesuitenkirche waren kaum besondere Erörterungen nötig. Im Grunde war man sich einig, daß sie trotz der Schäden ein Hauptwerk des Barock in unserem Lande war.“ Die zitierte Koryphäe war natürlich Dehio. Lindner verstieg sich sogar so weit zu fordern: „Alle anderen Lösungen wären von vornherein zum Scheitern verurteilt ... Das Gültige kann aber nur die originale Aussage sein.“

Es muß, auch in einer Festschrift, erlaubt sein, die oben genannten vier Probleme, die sich ab 1961 konkret stellten, noch einmal, sozusagen retrospektiv, zu durchleuchten.

Das kunsthistorisch-denkmalpflegerische Problem

Weder die Befürworter der originalgetreuen Rekonstruktion, noch die Vertreter des Landesdenkmalamtes Baden-Württemberg hatten ernsthaft und kritisch die 1760 eingeweihte und 1943/45 zerstörte Chorraumsituation unter die Lupe genommen. Für alle galt auch für das Kirchendetail Chorraum, was man dank Dehio von der ganzen Kirche „wußte“, nämlich, daß sie vor der Zerstörung als der bedeutendste barocke Kirchenbau am Oberrhein galt. Daß Bibiena mit seiner unorthodoxen Chordurchlichtung eine andere Altarlösung vorschwebte, daß Egell diese mit seinem Lieblingsmodell eines Säulenaltares verwässerte und daß schließlich Verschaffelt gezwungen wurde, trotz geeigneterer Vorschläge, den Egell'schen Entwurf zu realisieren, hatte man nicht erkannt. Daß andererseits durch die kriegsbedingte Zerstörung der Verlegenheitslösung von 1760 die Chance bestand, dem Chor durch eine adäquate Altarlösung eine neue Großartigkeit zurückzugeben, diese Chance wurde durch die damals getroffene Fixierung auf eine originalgetreue Rekonstruktion des Zustandes vor 1943 verschenkt. Für eine solche adapte Chorlösung wären durchaus zeitgenössische Vorschläge fruchtbar zu machen gewesen.

Das zweite Argument gegen eine historische Nachschöpfung war eigentlich noch gravierender. Professor Gebeßler vom Landesamt für Denkmalpflege hat in der Sitzung vom 28. August 1986 noch einmal auf diese sattsam bekannten Grunderkenntnisse der Denkmalrenovierung dezidiert hingewiesen: Architektur kann weitgehend originalgetreu rekonstruiert werden; bei Skulptur ist eine solche Rekonstruktion nur unter großen Vorbehalten und unter idealen Voraussetzungen mit erheblichen Abstrichen machbar; im Bereich der Malerei ist eine originalgetreue Nachschöpfung so gut wie ausgeschlossen.

Das theologische Problem

„Jede barocke Kirche hatte ihr 'großes Thema'.“ Das der Mannheimer Jesuitenkirche war bekanntlich das der Ordensgründer und der Societas Jesu, also das der Patrone der Kirche, St. Ignatius und St. Franz Xaver. Das Wirken der Jesuiten in Mannheim im 18. Jahrhundert beschränkte sich auf ca. 53 Jahre. Seit 1802, also seit 195 Jahren, ist die Jesuitenkirche ausschließlich

Ambo aus versilberter Bronze von Klaus Ringwald

Pfarrkirche! Ein wesentliches Teil des 'großen Themas' der Jesuiten, die Deckenfresken von Egid Quirin Asam, sind unwiederbringlich verloren. Warum am Hochaltar das h a l b e 'große Thema' aufwendig reproduzieren für eine Pfarrgemeinde des ausgehenden 20. Jahrhunderts? Aus Gründen der originalgetreuen Rekonstruktion oder aus Gründen der Stadtgeschichte?

Die Forderungen des Zweiten Vaticanums

Dieses Problem war nicht lösbar mit der Rekonstruktion des barocken Hochaltares. Dafür hatte man aber (zu diesem Zeitpunkt schon?) eine geniale andere Idee (s. später).

Das finanzielle Problem

Allen Beteiligten bzw. verantwortlichen Befürwortern der Originallösung war ziemlich klar, daß diese praktisch einer Neuschöpfung gleich kam und sehr teuer werden würde. Glücklicherweise hatte der Abschlußbericht der Wiederaufbaukommission im Jahre 1961 ausdrücklich festgehalten, daß „die Wiederherstellung des Hochaltars als einzige noch unerledigte, vom Kirchenraum her notwendige Maßnahme des Wiederaufbaus" verbleibe. Der Stuttgarter Landtag hatte sich glücklicherweise diese Lesart in der Plenarsitzung vom 28. Mai 1986 zueigen gemacht und damit von höchster Landesstelle aus die Rekonstruktion als denkmalpflegerische Aufgabe von erstem Rang befürwortet. Damit waren Förderungsmittel des Bundes und des Landes Württemberg frei für das Projekt „Hochaltar der Jesuitenkirche in Mannheim". Das Erzbischöfliche Ordinariat in Freiburg erklärte sich daraufhin ebenfalls bereit, sich an den Kosten der Rekonstruktion mit einem Drittel zu beteiligen.

3 *Die Rekonstruktion*

Die Teilnehmerliste (s. Anhang 3) des entscheidenden Gesprächs über die Innenrenovierung der Jesuitenkirche am 29. Juli 1986 im Pfarrhaus der Jesuitenkirche gewährt Einblick in die Corona der mit dem Projekt befaßten öffentlichen Vertreter. Nach der Projektgenehmigung von höchster Stelle und der Sicherung der Finanzierung übernahm das Erzbischöfliche Bauamt in Heidelberg unter Oberbaudirektor Egmont Reis den

Kreuzigung, Silberrelief von Klaus Ringwald (Detail)

Fortgang der notwendigen Maßnahmen. Mit Organisation, Planung und Koordination der Wiederherstellungsmaßnahmen wurde das Architekturbüro Klaus Gräf in Heidelberg beauftragt.

Der erste Schritt, die Erstellung eines maßstabsgerechten Modells im Verhältnis 1:10 war mit der Vorstellung dieses Modells durch Restaurator Volker Dursey am 16. August 1988 abgeschlossen. (Über den Ablauf der einzelnen Arbeitsschritte siehe den Beitrag von Klaus Gräf). Größter Wert wurde auf handwerkliche Gediegenheit und Solidität gelegt. Ebenso sollten die verwendeten Materialien nach Möglichkeit dem Original entsprechen. Wichtig war auch die Rückgewinnung der schon von P. Desbillon bis Barth gerühmten Farbigkeit des alten Altares. Für die 'unmögliche' Rekonstruktion der Verschaffelt'schen Plastiken wurde nach einem Kompromißvorschlag vom damaligen Baureferenten im Erzbischöflichen Ordinariat, Freiburg, Domkapitular Dr. Otto Bechtold (heute Generalvikar) verfahren. Diese Kompromißformel hatte ein neues Wort geprägt: eine „schöpferische Kopie". Was darunter zu verstehen ist, hatte Prof. Gebeßler erläutert: „Entscheidend sei, eine Sprache der Nachbildung anzustreben, die – orientiert an verfügbaren Fotovorlagen – die Grundelemente der barocken Skulptur aufnimmt, aber nicht eine exakte Nachbildung versucht, die dann der Gefahr des 'Danebengeratens' ausgesetzt ist" (zit. nach Gesprächsprotokoll vom 28.7.1986).

Nach der Vorstellung des Altarmodells hatte Lindner frohgemut prophezeit: „Mit zuversichtlicher Hoffnung kann jetzt (25.September 1988) davon ausgegangen werden, daß in zwei bis drei Jahren die Fertigstellung der Nachschöpfung als geglückt abgeschlossen sein wird." Nun, Lindners Prognose hat sich nur halb erfüllt. Die Fertigstellung dauerte nicht „zwei bis drei Jahre", sondern schließlich fast neun Jahre. Aber gut Ding will Weile haben. Der zweite Teil der Prognose, daß die Fertigstellung der Nachschöpfung geglückt abgeschlossen sein würde, hat sich, wovon sich alle Kirchenbesucher überzeugen können, wahrlich erfüllt. Die Nachschöpfung verdient ohne Lobhudelei als Meisterwerk und dem Original ebenbürtig gewürdigt zu werden. Das Bestreben, dem Original möglichst nahe zu kommen, gilt bis ins Detail. Selbst das Material für die monumentalen Marmorsäulen wurde in denselben Steinlagern gebrochen wie damals 1751. Allerdings reichten die noch vorhandenen Marmorvorkommen nicht mehr für monolithe Säulen, jede von ihnen mußte

Pfingstwunder, Silberrelief von Klaus Ringwald (Detail)

aus zwei Teilen zusammengesetzt werden. Und was die Bestückung des Altares mit den für die Vollständigkeit wichtigen Stuckfiguren anbelangt, so erfüllen sie als „schöpferische Kopien“ gewiß vorbildlich ihre auf Fernwirkung bedachte Funktion der Komplettierung des ursprünglichen Hochaltares. Über ihren künstlerischen Wert zu befinden ist nicht Aufgabe dieser Zeilen. Darüber mögen andere urteilen. Daß ein Verschaffelt nicht kopierbar ist, war den Auftraggebern von vorneherein bewußt, aber die jetzigen Stuckfiguren geben dem Altar sein zentrales Anliegen, die Vermittlung des ‘großen Themas’ der Jesuitenkirche zurück, zumindest dessen Herzstück: die Entsendung des Hl. Franz Xaver in die Asienmission durch den Ordensgründer, den Hl. Ignatius, persönlich.

4 *Miraculis prima pars: Des Wunders erster Teil*

Alles Räsonieren und Nörgeln der Ästheten und Fachwissenschaftler bezüglich der jetzt fertig vorliegenden historisierenden Lösung ist zwar nicht sinnlos, aber letztendlich zwecklos. Die Kirchengemeinde der Oberen Pfarrei in Mannheim und alle Freunde dieser Kirche haben am 19. Mai 1997 einen großartigen Grund, stolz zu sein und zu feiern: ihr barocker Hochaltar ist wiedererstanden und strahlt in altem Glanz in der vorher als gespenstisch leer empfundenen Chorapsis.

Wenn bei den Befürwortern dieser vorrangigen Aufgabe stets die Rede war von einem zähen und langwierigen Entscheidungsprozeß, dann bezieht sich diese Aussage wohl in erster Linie auf die Auseinandersetzungen mit der Denkmalbehörde, und m.E. weniger auf die gemeindeinterne Diskussion. Denn für die Pfarrgemeinde und für viele Bürger der Stadt und der Kurpfalz war seit Sicherstellung der Kirchenruine und deren Wiederaufbau in der historischen Form nie zweifelhaft, daß auch das Kircheninnere in seiner alten Gestalt die einzige konsequente und künftige Lösung sein würde. Mit ungeschminkter Offenheit gesteht auch Lindner ein: „Letztlich ging es doch auch um eine Gewissensentscheidung.“

Was war nach soviel „Fachdebatte“ damit gemeint?

Ein nicht zu verdrängendes Faktum bleibt, daß St. Ignatius und St. Franz Xaver zu Mannheim zunächst und vor allem eine Kirche ist, das Gotteshaus einer Pfarrgemeinde und einer großen Gläubigengemeinde von nah und fern. Die Kurpfälzer haben sich in den zurückliegenden zwei Jahrhunderten mit dieser „ihrer Jesuitenkirche“ identifiziert, sie war ihre religiöse Heimat geworden. Die Kirche hat nicht nur die Stadtsilhouette geprägt, sondern auch die Herzen der Gläubigen. Sie war benutzte und gelebte Glaubensform.

Die Eigentümer und Nutznießer dieses Kirchenbaus sind in erster Linie ihre Gläubigen. Von jeher war es das unbestrittene Recht der Eigentümer bzw. Bauherren, Gestalt und Aussehen ihres in Auftrag gegebenen Werkes zu bestimmen oder zu beeinflussen. Das fertige Werk ist für alle anderen ein Fait accompli. Der Identifikationsfaktor Jesuitenkirche stand im Vordergrund der Anliegen an den wiederherzustellenden Bau. Das Bauziel, die vertraute und damit historische Kirche, stand also von Anfang an fest.

Nun muß man aber die Frage stellen, was denn die Jesuiten heute noch mit den Kirchenbenutzern zu tun hätten bzw. was deren ‘großes Thema’ an glaubensorientierter Aktualität noch hergebe. Wieder steht der Hl. Ignatius überlebensgroß auf dem Hauptaltar und sendet seinen Weggefährten, den Hl. Franz Xaver, in die Mission. Seit Ende des 17. Jahrhunderts wandelte sich, wie wir hörten, das Theatrum sacrum zum Theatrum honoris der Orden und Kirchenpatrone. Damals verband man mit dieser Umdeutung einen höchst denkwürdigen Wandel im Begreifen der Heilsgeschichte. Die Weihe einer völlig neu errichteten oder im Kleid der Zeit renovierten Kirche als die Darstellung von der Erfüllung der Zeit in der Gegenwart, der ‘neue’ Himmel (Deckengemälde), war „nicht mehr nur Ewigkeit, sondern der Versuch, die geschichtliche Institution des Ordens in diese Ewigkeit mit einzubeziehen“ (Hermann Bauer). Diese Umkehrung der geschichtlichen Realität war im 18. Jahrhundert ausgesprochen revolutionär. Aber was sagt sie uns heute?

Von den Jesuiten hörten wir, daß sie gegenüber an der Vergangenheit starr orientierten Vertretern der Gegenreformation, z.B. den Dominikanern, eine flexiblere Auslegung der Gnade Gottes und der menschlichen Willensfreiheit vertraten. In dem Disput zwischen Molina und Aquaviva, den Sprechern der Jesuiten, und den Vertretern der Thomistischen Lehre vor Papst Paul V. machten die Jesuiten klar, daß der Gewissensentscheid und Wille des Einzelnen freier sei, als dies Thomas von Aquin einräumte, und deshalb jeder Gläubige für sich in einem bestimmten Maße auf seine Erlösung hinarbeiten könne. Das war Anfang des 17. Jahrhunderts eine gefährliche, fast ketzerische Position. Doch Paul V. und seine Nachfolger tendierten mehr zur jesuitischen Auslegung, stand doch deren Interpretation näher den Anliegen des Tridentinischen Konzils, wonach die Gläubigen stärker am Gottesdienst (auch im täglichen Glaubensleben) mitwirken sollten.

Wenn also heute noch, oder besser: heute wieder, der Hl. Ignatius den Hl. Franz Xaver in die Mission aussendet, dann verbirgt sich dahinter: „Der Mensch ist Partner Gottes. Sein Mittun ist mitentscheidend, er selber kann heilschaffend werden“ (Lindner).

Der Pfarrer an der Jesuitenkirche, Msgr. Dekan Horst Schroff, führt dazu aus: „Es ist nicht zu übersehen: Die westeuropäische Gesellschaft steckt in einer geistig-religiösen Krise. Noch nie war das säkulare Denken und Verhalten der Menschen so ausgeprägt wie heute. Mit dieser Säkularisierung geht ein Wertewandel einher. Ganz oben steht das Ziel, sich als Individuum selbst zu verwirklichen. Diese gesellschaftlichen Umbrüche sind für die Kirche eine so noch nie dagewesene Herausforderung. Der Glaube an Gott muß wieder offensiv, das heißt missionarisch gelebt und verkündet werden. Das „Christliche Abendland" ist wieder Missionsland. Der Glaube an Gott muß so gelebt werden, daß er auch wieder Orientierung gibt für das ethische Handeln des Menschen. Gewissensbildung ist deshalb eine der ganz großen Aufgaben der Kirche. Gleichzeitig wächst in dieser Gesellschaft das Verantwortungsbewußtsein für die Menschen in aller Welt, besonders auch für die armen und benachteiligten Völker. Wir sitzen als Menschheit alle in einem Boot. Die kirchlichen Hilfswerke „Misereor", „Adveniat", „Renovabis", „Missio", das „Sternsingen" der Kinder und Jugendlichen zeugen davon, daß dieses Bewußtsein der Verantwortung füreinander lebendig ist. „Miteinander Kirche sein – für die Welt von heute", lautet das pastorale Leitmotiv der Diözesankirche von Freiburg. Eine evangelisierende Pastoral, die ja auch die Jesuiten in ihrer Zeit, in der Zeit der Gegenreformation, sich zu eigen machten, ist also gerade in der Zeit des geistigen, religiösen und gesellschaftlichen Umbruchs ganz aktuell. Eine neue Aufgabe der Kirche ist ihr Engagement für Gerechtigkeit, Friede und Bewahrung der Schöpfung. So hat die Generalkongregation der Jesuiten ihr heutiges großes Thema festgelegt auf „Evangelisierung und Einsatz für Gerechtigkeit". Schön, wenn sich die Gemeinde der „Oberen Pfarrei" und die Besucher der Jesuitenkirche zu dieser Sendung animieren lassen!"

Die Heiligen Ignatius und Franz Xaver auf dem Hochaltar richten diese Botschaft aber nicht als noch lebendige Personen an uns, vielmehr in effigie, als Bildwerke, vielleicht auch als Kunstwerke. Mit ihrer Neuschöpfung kommt ein tiefes Anliegen von Dekan Msgr. Schroff zum Tragen, nämlich jene „gläubige Haltung, die als Anliegen auch Ausdruck sucht im sakralen Bildwerk, das auf Gott hinweist".

Auch Kirchenbau ist Gottesdienst, Dienst zu Ehren Gottes. Auf dem Hochaltar hält der bei der Sendung assistierende Engel ein aufgeschlagenes Buch in Händen. Dort können wir den Wahlspruch des Hl. Ignatius lesen: „Omnia ad majorem Dei gloriam". Und wie modern und wirksam dieser Wahlspruch des Gründers der Societas Jesu noch heute ist, wird man bei der Einweihung sehen, wenn aus Hunderten von bewegten Kehlen der Lobgesang des Herrn zu hören sein wird: Te Deum laudamus. In einer Zeit der oft leeren Gotteshäuser, der Kirchenaustritte, der billigen Konkurrenzreligionen materieller Art oder asiatischer Herkunft erscheint die Wiedergeburt oder die Auferstehung der Mannheimer Jesuitenkirche und deren Hochaltar fast wie ein Wunder. Ein Glaubenswunder.

Steinintarsie vom neuen Fußboden des Chores von Klaus Ringwald (Detail)

SECUNDAE ALTARIS CREATIO DER ZELEBRATIONSALTAR

1 Die Aufgabe

Kaum war im Spätsommer 1988 die definitive Entscheidung für die Rekonstruktion des barocken Hauptaltares gefallen und dessen Finanzierung seriös gesichert, stellte sich für die endgültige Chorgestalt ein nach wie vor ungelöstes Problem. Ein Hauptargument der Gegner einer historischen Lösung war ja der Hinweis auf die Empfehlungen des Zweiten Vaticanums die Liturgiereform betreffend, worin die Feier des Meßopfers künftig versus publicum gewünscht war. Diese Forderung konnte und sollte der barocke Altar nicht gewährleisten. Dazu bedurfte es einer frei im Chorraum stehenden und zum Kirchenvolk vorgeschobenen Altarmensa. Eine solche Lösung hatte ja Verschaffelt bereits – für seine Zeit zu früh! – geplant.

Wenn der wiederhergestellte Chorraum nicht nur Museum, vielmehr funktionierender Fokus der neuen Liturgie sein sollte, brauchte man einen zweiten Altar, neben dem Schaualtar einen Zelebrationsaltar. Dieser zweite Hauptaltar durfte nicht zu groß und zu hoch sein, um nicht den Blick auf den historischen zu verstellen; er sollte aber für sich selbst auch ein Schmuckstück des neuen Chores sein, er sollte ein eigenständiges Teil sein, aber mit seinem barocken Umfeld harmonisch korrespondieren, er sollte modern sein, aber mit dem historischen Monumentalwerk kommunizieren etc. Kurzum, hier war das Ei des Kolumbus gesucht, die Quadratur des Kreises gefordert.

Außerdem, zusammen mit dem neuen Altar, galt es noch das entsprechende liturgische Gerät und Mobiliar (Ambo, Lesepult, Osterleuchter, Sedilien, Altarkreuz etc.) zu entwerfen. Und, last not least, der Boden, auf dem alles stehen und sich vollziehen sollte, auch ihn galt es neu zu schaffen.

Es spricht für die Verantwortlichen, daß sie sich mit einer bewunderungswürdigen und zielstrebigen Beharrlichkeit dieser schier unmöglichen Aufgabe stellten und schließlich, d.h. sehr schnell den einzig richtigen Mann für diese herkulische Aufgabe fanden, der das Unmögliche Gestalt werden ließ. Schon im Spätherbst des Jahres 1988 fand sich die Trias Msgr. Dekan Horst Schroff, Erzbischöflicher Oberbaumeister Egmont Reis und Architekt Klaus Gräf im idyllischen Schwarzwalddörfchen Schonach ein. Ihr Ausflug galt dem Atelier des inzwischen berühmten Bildhauers Klaus Ringwald.

Chorgesamtansicht mit neuem Fußboden und neuem Zelebrationsaltar

Großer Leuchter am neuen Zelebrationsaltar von Klaus Ringwald

2 Der Künstler

Im Hochsommer 1939, ein Vierteljahr vor dem Ausbruch der katastrophalsten Epoche der jüngeren deutschen Geschichte, wagte es Klaus Ringwald, das Licht der Welt zu erblicken. Bis er in die Schule kam, war der grausige Spuk vorbei.

In der Volksschule von Schonach fiel den Lehrern das Talent des ständig zeichnenden und malenden Schülers auf. Für die einfachen Eltern war es konsequent, den begabten Sohn einen künstlerischen Beruf ergreifen zu lassen. Der Schnitzermeister Hubert Herr im benachbarten Triberg schien das richtige Metier zu eröffnen. Doch dem bei seiner Gesellenprüfung gut sechzehnjährigen Klaus wurde sehr schnell das routinemäßige Schnitzen nach Vorlagen und Modellen einer kunstgewerblich betriebenen Produktion künstlerisch bedenklicher Ware suspekt und unbefriedigend.

Mit einundzwanzig Jahren wagte er den Sprung in die Fremde. Die berühmte Kunstschule von Wolkenstein im Grödnertal bot ihm zwar auch ein vertrautes bäuerliches Umfeld, aber der südliche Himmel und die nahe Kunstwelt Italiens brachten eine Horizonterweiterung, die prägend sein sollte. Doch selbst ein guter Herrgottschnitzer zu sein genügte Ringwald nicht mehr, der fremde Luft geatmet hatte.

Die nächste Prägung erfuhr Ringwald an der Kunstakademie in Nürnberg bei Professor Wimmer, dessen mediterran orientierte Auffassung von Bildhauerei und Plastik die in Südtirol vorbereiteten Schaffensströme in die dem Künstler nun eigenen Bahnen lenkte. Von der einfachen aber gediegenen handwerklichen Ausbildung zur hochkünstlerischen Könnerschaft als Meisterschüler von Prof. Wimmer (1967), dieser kompakte und in sich geschlossene Reifungsprozeß ermutigte Ringwald, nachdem er nun auch die Großstädte München und Nürnberg zur Genüge kennengelernt hatte, sich als freischaffender Bildhauer dorthin zurückzuziehen, wo seine Wurzeln lagen, nach Schonach im Schwarzwald.

Eine geradezu klassische Karriere: eine erste Frühphase in heimatlich vertrauter und familiärer Umgebung mit solider handwerklicher Ausbildung, eine zweite nachfolgende Reifung in der Ferne (Grödnertal, München, Nürnberg) und eine dritte gesättigte Vervollkommnung als erfahrener Meister auf gefestigtem Wurzelgrund.

Die Anfänge waren schwer. Kleinere Aufträge und die Fortführung privater Anliegen, wie das Porträt, bestimmten zunächst den Lebensablauf. Von den Porträts seiner Mutter und einer Schwarzwaldbäuerin (1964) über den Kinderkopf (1970) entwickelte Ringwald eine stets wachsende Meisterschaft im Bronzeporträt, die in den Köpfen von Erzbischof Seiterich, Emil Wachter oder Prof. Carlo Schmid, mit den ihn eine tiefe Freundschaft zeitlebens verband, ihren unbestrittenen Höhepunkt fand. Andere nachfolgende Porträts z.B. von Karl

Zelebrationsaltar mit Leuchtern von Klaus Ringwald

Bosl, Ingeborg Hallstein oder Friedrich Fischer-Dieskau (z.Zt. in Arbeit) bekunden den Fortbestand dieser Höhenlinie. Ringwald ist sicher in seinem Lieblingsmaterial Bronze der bedeutendste Porträtist dieses letzten Viertels des Jahrhunderts in Deutschland.

Zwei wichtige öffentliche Aufträge ergaben sich ab der Mitte der siebziger Jahre. Dies waren Kreuzweg und Altar der Pfarrkirche von Neudorf (1976) und die Chorgestaltung der Herz-Jesu-Kirche in Singen (1977–1979). Mit diesen Aufträgen wurde der monumentale Ringwald geboren. Im Neudorfer Kreuzweg konnte er wichtige Erfahrungen im Bronzerelief verfestigen, was somit als eine unverzichtbare Vorarbeit für sein Meisterwerk, die Bronzetüren vom Villinger Münster (1979–1983), gewertet werden kann. Die Chorraumgestaltung der Herz-Jesu-Kirche mochte seine erste große Aufgabe auf einem Gebiet gewesen sein, das seinen vorläufigen schöpferischen Höhepunkt in der vorliegenden Mannheimer Chorlösung gefunden hat.

Mit der Visitenkarte der Villinger Bronzetüren eröffnete sich ein reiches Feld an öffentlichen Großaufträgen, in denen Ringwald seine nun auch international anerkannte Reife als Bildhauer ausspielen konnte: Brunnen von Waghäusl, Säckinger Geschichtsstele, Villinger Münsterplatzbrunnen (1986–1989), Welcoming Christ in Canterbury (1988–1990), Durlacher Brunnen, Abschluß der Chorraumgestaltung in der Mannheimer Jesuitenkirche (1992–1995).

Gerade der Jahrhundertauftrag von Canterbury trug den Ruf des deutschen Bronzeplastikers weit über die Landesgrenzen hinaus (s. Rolf Legler, Der Welcoming Christ von Canterbury, in: Das Münster 3/1994). Auch sein Altar von Mannheim ist ein weiteres Wunderwerk sowohl künstlerischer Dichte als auch handwerklicher Könnerschaft auf dem Gebiet der Bronzeplastik.

Aus Ringwalds zum Teil einzigartigen Werke ihres Genres im 20. Jahrhundert wird zwingend erkennbar, warum sich die Mannheimer Auftraggeber im Herbst 1988 in Schonach eingefunden hatten.

3 Das Werk – Ringwalds Beitrag zur Vollendung des neuen Chores

Der neue Zelebrationsaltar als Brennpunkt der Liturgie nach den Vatikanischen Beschlüssen, der Fußboden, das

Mobiliar und das liturgische Gerät waren die vier Hauptanliegen der Auftraggeber an Klaus Ringwald. Von Ende 1988 bis zur offiziellen Auftragserteilung hatte Ringwald hinreichend Zeit, sich mit dem vorgegebenen Umfeld, sprich der Rekonstruktion des historischen Chores, auseinanderzusetzen. Neben seinem begnadeten bildhauerischen Können ist als weitere hervorstechende Begabung Ringwalds dessen Talent hervorzuheben, eine Gesamtsituation so auszuloten, daß eine optimale Ergänzung seines Werkes mit der vorgegebenen Raumsituation erfolgt. Sein Beitrag sollte ja keine Replik, sondern eine eigenständige und zeitgemäße Lösung sein, die mit dem vorgegebenen historischen Rahmen in einen Dialog tritt – wohlgemerkt einen Dialog, kein Streitgespräch, Kommunikation statt Konfrontation, ein Gegenüber, aber auch ein Miteinander. Ringwalds Devise, man könne nur stehen auf dem, was gestern stand, ist wertvolle Voraussetzung für dieses Miteinander.

Um Ringwalds Devise beim Wort zu nehmen, beginnen wir am besten beim ersten Teil seiner Aufgabe, dem Fußboden des Chorraumes. Vom barocken Fußboden wissen wir, daß er 1751 bereits mit Marmorplatten verlegt war, die ursprünglich für den Rittersaal des Schlosses bestimmt waren und die Kurfürst Carl Theodor für den Chor der Kirche gestiftet hatte. Die Bombe der Alliierten, die den Chor zerstört hatte, war durch die offene Kuppel geradewegs bis zur Krypta durchgebrochen und dort explodiert. Dabei wurde praktisch der komplette Bodenbelag förmlich in die Luft gesprengt. Was an Scherben oder Belagresten damals überlebt hatte, wurde bei den ersten Aufräumungsarbeiten als Bauschutt restlos entfernt. Immerhin existieren Amateurfotos in Schwarz-Weiß vom 1751 verlegten Chorboden. Die als besonders harmonisch und reich geschilderte Farbigkeit des Chores erlaubt ebenfalls einen mehrfarbigen Bodenbelag anzunehmen.

Neue Sedilien aus versilberter Bronze von Klaus Ringwald (Detail)

Zunächst galt es also dem Chorboden (157 qm) ein Raster aufzuerlegen, das gleichwohl als Dekorum und Ordnung fungieren konnte. Das schließlich gefundene Muster ist so einfach wie zwingend. Dieser Sockel beschrieb mit seinen Abmessungen genau die Position des barocken Hochaltares. Auch Ringwald übernahm diesen verbliebenen Fixpunkt des Chores als Kristallisationskern seiner Bodenfelderung.

Der Treppensockel ist an den vorderen Ecken abgeschrägt. An dieser Sockelschräge lagen schon die großen Diagonalbahnen des ursprünglichen Fußbodenbelags, die nun bei Ringwald den Chorboden in seiner ganzen Länge und Breite durchkreuzen. Jeweils zwei weitere parallel geführte Diagonalen ergänzen das durch den barocken Altar vorgegebene Achsenkreuz zu einem Quadrat, dessen vordere Spitze genau mit der Mitte der gebauchten Choreingangstreppe zusammenfällt und dessen ergänzte rückwärtige Spitze fast genau an der Hochaltarrückwand ausläuft.

Das so gewonnene Großquadrat erfährt eine Unterteilung in vier Hauptfelder, zwei ungleich große Quadrate und zwei vermittelnde Rechteckfelder. Das größere rückwärtige Quadrat ortet den Hochaltar, das kleinere vordere Quadrat bestimmt die Lage des neuen Altares. Beide Altäre sind somit in einen fast logisch zu nennenden Ordnungszusammenhang eingebunden. Die Querachse des hinteren Quadrates fällt zusammen mit der Vorderkante des barocken Altartisches und die Querachse des vorderen Quadrates trifft etwa mittig die Mauerstreben des Choreingangs, letzteres ist somit auch in das Achsensystem der Architektur selbst eingebunden. Zur Chorseitenbegrenzung hin ergeben sich jeweils zwei angeschnittene Quadratfelder, die Platz genug für einbeschriebene Kreisfelder bieten, die an der Außenseite die Mauerstreben der Chorwand tangieren. Die Mittelpunkte der vorderen Kreisfelder liegen auf der Querachse des neu zu schaffenden Altares, und ihre Entsprechungen der hinteren Kreisfelder verlaufen bündig mit der Vorderkante des Hochaltares. Die vorderen Kreisfelder markieren somit in Abhängigkeit von Architektur und neuem Altar den Aufstellungsort von Ambo und Osterleuchter. Das System von Quadraten und Kreisen findet seine letzte Verdichtung um den neuen Altar herum, wo in den verbleibenden Zwickeln zwischen Bodenquadrat und liturgischem Altar vier weitere Tondi für Bodenreliefs ihren Ort zugewiesen bekommen.

Was hier in dieser kurzen Beschreibung so einleuchtend klingt, mußte aber erst erschaffen, d.h. erfunden werden. Der Fußboden hatte nun sein Schema, das die doppelte Aufgabe, Ordnung und Dekorum zugleich zu sein, garantierte. Aber noch bedurfte es des zweiten und entscheidenden Schrittes, des Dekorums selbst.

Von Neresheim wissen wir: „Die Einheitlichkeit des Raumes beruht auf der durchgehenden Grundstimmung, die sowohl durch die Wiederholung derselben

Der neue Zelebrationsaltar, Altarseite

Raum- und Körperformen als auch durch die durchgehende Farbigkeit und die Lichtfülle bedingt ist ... Nur der Fußboden bleibt Erde, obschon die goldene Farbe und die geometrische Musterung der Steinplatten wiederum das Untere mit dem Oberen vereinen" (Norberg-Schulz).

Was für Neresheim steht, galt und gilt auch für Mannheim. Von den Beschreibungen der Mannheimer Jesuitenkirche ragt die von Leo Barth als die farbigste hervor: „Das majestätische, klare und dabei so bewegungsreiche Bild dieses Kirchenraumes wird durch Farbe, Ornament und Ausstattung noch gehoben. Der Farbeneindruck ist die lichte Helle, seine Dominante Weiß. Über hohem Sockel aus dunkelrotem, prächtig geädertem Marmor erheben sich auf weißer Marmorbasis die 14 m hohen Pilaster mit den maßvoll Goldschmuck tragenden Kompositkapitellen und den in zierliche Goldrahmen gefaßten Wandfeldern aus Marmorstuck, der das dunkle Rot des Sockels in ein lichtes Braun, Ocker-Gelb-Grau überführt. Genau entsprechende Felder schmücken den Fries unter dem breit ausladenden Kranzgesims. Die Architravbögen der Kapellen, die Vierungsbögen und die Gurt- bzw. Halbbögen des Tonnengewölbes und der Apsis sind als struktiv gleichbedeutende Glieder alle mit gleichgerahmten Feldern geziert, deren helles frisches Grün dem Farbeneindruck der Kirche eine ganz eigene, festliche Note geben ... Der Durchblick zwischen den Säulen (des Altares) verstärkt den Eindruck des Geheimnisvollen, das Zusammenspiel der Farben des prachtvoll geäderten Marmors, des schneeweißen Stucks der Figuren und der goldenen Strahlen, Kapitelle und Baldachinrippen gibt dem Auge ein bezauberndes Fest."

Ringwald hatte weder Neresheim vor Augen, noch kannte er den Text Barths zur Mannheimer Jesuitenkirche, doch war ihm nach eingehendem Studium des wiedererstandenen Chores völlig klar, die oliv-weißockrige und rotädrige Farbigkeit der Gipsmarmorierung der Wand- und Pfeilersegmente, das Kastanienbraun und Gold der kurfürstlichen Oratorien und das naturfarbige Marmormaterial neben dem Gold und Stuckweiß des Altares mußte auch im Boden wiederkehren, das Unten und Oben, die seitliche Begrenzung und der Hochaltar mußten zu einem gemeinsamen Akkord anschwellen, der ganze Chorraum mußte wie aus einem Guß erscheinen.

Mit größter Sorgfalt wurde die Auswahl des Steinmaterials für den neuen Boden getroffen: Für die großen und breiten Diagonalbänder wurden z.B. Bongard und Formosa verwendet, das sind die Gesteinsarten des Altaraufbaus; auch die anderen Steinfarben des Cipollin, des Verde Alpi, des Deutsch Rot, des Blanc Clair, des Uliano, des Giallo di Siena, des Santa Fiora und des Azul Bahia finden ihre Entsprechung in der Farbigkeit und den Tönen des barocken Chores. Die Ebenbürtigkeit von neuem Fußbodenbelag, barockem Hochaltar und Chordekoration läßt die Frage müßig erscheinen, wer hier wem dient bzw. gebietet. Die quasi Selbstverständlichkeit, mit der hier Bodengestaltung und Chorraum zu einem warmen, farbenfrohen Gesamtakkord verschmelzen und zusammenklingen, hat etwas von den ganz großen Schöpfungen, die man sich nur so und keinen Deut anders vorstellen kann.

Da aber das Fußbodenmuster nicht nur Dekorum, sondern auch Ordnungssystem für die restliche Chorraumgestaltung ist, können wir uns nun dem Hauptwerk dieser Neuschöpfung, dem Zelebrationsaltar zuwenden. Wie schon bei der Strukturbeschreibung des Bodenmosaiks angemerkt, sind Lage und Dimension des neuen Altares durch das vordere, kleinere Bodenquadrat markiert. Die Höhe der Mensa ist naturgemäß durch die Proportionen einer stehenden erwachsenen Person vorgegeben.

Auch dieser freistehende Altar ist an seinen Ecken abgeschrägt. Im Gegensatz zum Fußboden mußte aber bei der Gestaltung dieses neuen Altares kontrapunktisch verfahren werden. Seine insgesamt bescheidenen Abmessungen (181 x 136 x 96 cm) im Vergleich zum monumental sich dahinter auftürmenden barocken Hochaltar Verschaffelts liefen Gefahr, verschwindend zu wirken, aber bei aller Einbindung in den Kontext des Chorraumes sollte er als Hauptwerk des neuzeitlichen Beitrags keineswegs im Konzert der Gestaltungselemente untergehen. Hier durfte nicht wiederholt werden, hier mußte eine neu ertönende Stimme im Choral der Gestaltungselemente klar und hell mitklingen. Um dieser neuen Stimme Klarheit und Prägnanz zu verleihen, mußten Farbgebung, Material und Gestalt abweichen vom basso continuo der sonoren Barocktonalität. Das Fußbodenblau der dunkleren Azul-Bahia-Felder wurde in der Tischplatte gesteigert durch die Verwendung einer monolithen Platte aus hellerem Azul Bahia. Das restliche Material besteht aus Silber und versilberter Bronze. Der kühle Glanz des Silbers kontrastiert anregend mit den warmtonigen Teilen der barocken Altarvergoldung. Die versilberte Rahmenborte veredelt die kühle Noblesse der Azul-Bahia-Platte zu einem gefaßten Juwel. Gleichzeitig greifen an den abgeschrägten Ecken zwei sich verschränkende Endranken eines Rosenstockes in die jugendstilhaft beschwingte Tischrahmung. Sie bereiten das eigentliche Wunderwerk dieses ganz besonderen Altares vor.

Den Korpus oder Unterbau der Altarmensa bildet ein in seinen Abmessungen die Platte wiederholender rechteckiger Kasten mit abgeschrägten Ecken. Doch dieser Tischkasten ist keineswegs ein behäbiger und kolossaler Block. Gerade im Altarunterbau gewinnt Ringwalds relativ schnell getroffene Entscheidung für einen Gegensatz zum barocken Hochaltar und Chorraum seine überzeugendste Ausprägung. Da sich der neue Altar trotz seiner bescheidenen Ausmaße vom historischen Vorgänger mit seiner barocken Bombastik und Theatralik entschieden abheben sollte, wollte Ringwald seinem Altar eben, wie schon angemerkt, von Material, Farbe und Gestalt her einen unerhört anderen Charakter verleihen. Die zurückhaltende Noblesse des matten Silberglanzes des Materials erfährt seine Steigerung ins Schwerelose, ins Metaphysische, die Transparenz der diaphanen Struktur des durchbrochenen Altarkastens weist höchst irreale Züge auf.

Der nur in seinen äußeren Abmessungen als solcher zu bezeichnende Tischkasten besteht aus einem feingliedrigen, zerbrechlich wirkenden Gespinst aus Rosenranken, die schwere Steinplatte aus Azul-Bahia ruht sozusagen auf einem stilisierten Rosenhag. An den acht Kanten des Tischkastens ranken sich jeweils vier zu einem Zopfmuster verschlungene, nach oben

Kreuzigungsrelief mit Rosenhag

schlanker werdende Rosenstöcke empor, deren Zweige sich an den Schrägseiten diagonal verweben und an den vier breiten Schauseiten in einer parallel geordneten Wellenbewegung in der Mitte der fiktiven Kastentafel zart begegnen. Organisches Wachstum vereint sich mit dekorativer Ordnung. Links- und rechtswendige, herzförmige, schräg angesetzte Blätter und vergoldete Rosenblüten erhöhen den Eindruck eines Naturschauspiels. Dieses zarte Gespinst aus Zweigen, Blättern und Blüten läßt in seiner Durchsichtigkeit und Feingliedrigkeit völlig vergessen, daß der ganze Rosenhag aus versilberter Bronze besteht.

In der Tat, ein solcher Altar war nie zuvor gewagt worden und wird wohl nie mehr anderswo entstehen. Die Mitarbeiter der Mayerschen Gießerei haben gestöhnt bei der mühseligen Feinarbeit des Putzens, Polierens und Zusammenfügens. Aber letztlich war ihnen bewußt, daß sie Mitarbeiter bei einem einmaligen, unwiederholbaren Werk ihrer Handwerkskunst waren.

Beim Rosenstock als Altarträger werden Assoziationen wach von Maria im Rosenhag oder von Maria im Brennenden Dornbusch (z.B. im Triptychon des Brennenden Dornbusches in der Kathedrale von Aix-en-Provence), beides Symbole für die jungfräuliche Geburt des Erlösers. So wie sich Maria im Rosenhag nicht an den Dornen verletzt bzw. im Brennenden Dornbusch nicht verbrennt, sowenig hat sie bei der jungfräulichen Geburt des Erlösers ihre leibliche Unversehrtheit verloren. Und schließlich wird jedes Mal bei der Feier der Hl. Liturgie auf diesem Altar, sprich auf diesem Rosenhag, Christus sakramental gegenwärtig.

Doch bei aller Großartigkeit in künstlerischer wie technischer Hinsicht, der Rosenhag ist nur Beiwerk, sozusagen Vorwand und Hilfsmittel für die Entstehung einer zartgliedrigen und diaphanen Altararchitektur. Der Rosenstrauch umschließt und trägt in der Mitte jeder seiner vier Schauseiten eine von einer goldenen Ranke eingefaßte Kartusche in der Form eines horizontal gestreckten Vierpasses, dessen Binnenfläche von einem Silberrelief mit neutestamentarischem Thema ausgefüllt ist.

Schließlich, um die formale Beschreibung des neuen Altares zu vervollständigen, umgreifen die Wurzeln der einzelnen Rosenstöcke an den Kastenschrägen die geböschte Bodenleiste des Altares, um sich endlich mit dem umlaufenden Dekorband aus Silber zu vereinen. Dieses Bodendekorband umgürtet ähnlich wie sein Gegenstück an der Mensaplatte den Altarbau an seinem Fuße. Zwei weitere einfache Marmorbänder aus Cippolin und Blanc Clair verbinden in Farbe und Form den neuen Altar mit dem Dekorsystem des Bodenbelags. Eine zusätzliche Verschränkung von Altar und Fußboden vollzieht sich mit den versilberten Bodentondi in den vier Bodendreiecken vor den Altarseiten. Mit anderen Worten, der neue Bodenbelag und der neue Altar sind aus einem Guß und einem Geist.

Noch fehlt aber die Beschreibung des eigentlichen Kunstwerks bzw. der Höhepunkte am Wunderwerk des Zelebrationsaltares, nämlich die der Reliefs, der Kartuschen und Bodentondi. Sie werden hier eigens angesprochen, weil sich in ihnen der inhaltliche Bezug, die theologische Botschaft, sozusagen das neue „große Thema" von Mannheim offenbart. In Marmorboden und Altartisch manifestiert sich der großartige Handwerksmeister Ringwald, sie sind einzigartige Schöpfungen und Kompositionen des Metiers, das man mehr schlecht als recht als Kunsthandwerk bezeichnet – sofern in diesem Kontext ein solches Auseinanderdividieren zweier großartiger Leistungen überhaupt einen Sinn ergibt. Doch, und das rechtfertigt eine solche Differenzierung allemal, gerade in der figürlichen Darstellung, im bestechenden Talent für erzählerische Kompositionen und im Porträt zeigt sich reiner und überzeugender als sonstwo Ringwalds herausragende Künstlerschaft.

Beginnen wir chronologisch in der Abfolge der biblischen Ereignisse, so zeigt die rechte Seite in der Kartusche die Taufe Christi. Die Anbringung auf dieser Seite rechtfertigt sich auch durch den Umstand, daß auf dieser Seite herkömmlicherweise die Taufe vollzogen wird. Die biblische Handlung ist auf das Wesentliche beschränkt. Härener Schurz, heraustretende Rückenrippen, spindeldürre Arme und Kahlkopf kennzeichnen den Asketen und Prediger Johannes. Mit vor der Brust verschränkten Armen steht Christus bis über die Scham in den Wellen des Jordans. Sein Kopf beschreibt genau die Mitte der Reliefplatte. Radial auf den Kopf Christi hin angeordnete Strahlen aus dem Himmel betonen die Heiligkeit des Geschehens. Im Strahlenbündel schwebt eine Taube herab. In der linken Bildhälfte vertreten zwei anonyme Frauen die anwesenden Volksmassen. Parallel geführte Wellenlinien laufen aus in Spiralen, Wellenbewegung und

Pfingstwunder

Ostermorgen

Energiebündel erzählen uns vom Jordanfluß. Zwei schräg nach rechts oben geführte Kerblinien signalisieren Land, Landschaft. Auf der unteren der beiden Schrägen kniet Johannes der Täufer, seine Fußspitzen berühren das Wasser.

Obwohl Christus und die Taube die Mittelachse des Bildfeldes betonen, verläuft die gesamte Kompositionsanordnung leicht asymmetrisch. Durch die größere leere Fläche rechts gewinnt Johannes der Täufer an Bedeutung und Monumentalität. Mit verblüffend sparsamen Mitteln erfahren wir alles, was bei Matthäus, Kapitel 3, über die Begebenheit berichtet wird:

„4. Er aber, Johannes, hatte ein Kleid von Kamelhaaren und einen ledernen Gürtel um seine Lenden, seine Speise aber waren Heuschrecken und wilder Honig.

5. Da ging zu ihm hinaus die Stadt Jerusalem und das ganze jüdische Land und alle Länder an dem Jordan.

13. In der Zeit kam Jesus aus Galiläa an den Jordan zu Johannes, daß er sich von ihm taufen ließe.

14. Aber Johannes wehrte ihm und sprach: Ich bedarf wohl, daß ich von dir getauft werde, und du kommst zu mir?

15. Jesus aber antwortete und sprach zu ihm: Laß es jetzt also sein! Also gebührt es uns, alle Gerechtigkeit zu erfüllen. Da ließ er's ihm zu.

16. Und da Jesus getauft war, stieg er alsbald heraus aus dem Wasser; und siehe, da tat sich der Himmel auf über ihm. Und er sah den Geist Gottes gleich als eine Taube herabfahren und über ihn kommen.

17. Und siehe eine Stimme vom Himmel herab sprach: Dies ist mein lieber Sohn, an welchem ich Wohlgefallen habe."

Das Silberrelief im Bodentondo zeigt Pater Alfred Delp S.J., der am 2. Februrar 1945 in Berlin-Plötzensee von den Nazis hingerichtet wurde. Schon im Angesicht des nahen Todes konnte Pater Delp im Gestapogefängnis Berlin/Tegel am Hochfest der ohne Erbsünde empfangenen Jungfrau und Gottesmutter Maria, am 8. Dezember 1944 noch die letzten Gelübde (Profess) für seine volle Zugehörigkeit zur Societas Jesu ablegen. Seine Mitarbeit im „Kreisauer Kreis" um Helmut Graf von Moltke während seiner Tätigkeit als Kirchenrektor in München-Bogenhausen (1941–1944) brachte Pater Delp nach dem gescheiterten Attentat auf Adolf Hitler vom 20. Juli 1944 in den Verdacht der Mittäterschaft, zumindest der Mitwisserschaft um das Attentat. Am

28. Juli 1944 wurde Pater Delp durch die Gestapo verhaftet und alsbald in das berüchtigte Gestapogefängnis in Berlin-Moabit überführt. Am 11. Januar 1945 verkündete der berüchtigte Präsident des Volksgerichtshofes, Roland Freisler, das Todesurteil über Delp, das dann am 2. Februar 1945 gegen 15 Uhr vollstreckt wurde. Sein „Verbrechen" bestand darin, daß er Jesuit war, daß er im „Kreisauer Kreis" als Theologe und Sozialwissenschaftler mitarbeitete, der sich Gedanken machte über ein Leben und eine neue Gesellschaft in einem freien Deutschland nach dem Krieg.

Warum befindet sich ein Relief von Pater Delp SJ im Fußboden der Mannheimer Jesuitenkirche? Dekan Msgre Schroff gibt zur Antwort: „Zum einen ist Pater Alfred Delp am 15. September 1907 in diesem Gotteshaus getauft worden. Die Mannheimer Jesuitenkirche ist also die Taufkirche dieses Martyrers der NS-Diktatur. Zum anderen war Pater Delp ein großer Theologe und Sozialwissenschaftler mit einem geradezu prophetischen Blick für die Aufgaben der Kirche in einer sich wandelnden Gesellschaft. Er hat den Christen und den christlichen Gemeinden von heute noch Richtungweisendes zu sagen. Pater Delp SJ hatte drei Visionen: die Vision einer sozialen und gerechten Gesellschaft, die Vision einer erneuerten, menschenfreundlichen Kirche und die Vision eines neuen Menschen. In der Vision von der sozialen und gerechten Gesellschaft wies er prophetisch auf jene Aufgaben hin, die nach dem Zweiten Weltkrieg dann allmählich aufgegriffen wurden: Sozialpflichtigkeit des Eigentums, der familiengerechte Lohn, die Mitbestimmung, das Eigentum in Arbeiterhand, die Bildungsförderung des Arbeiter- und Bauernstandes. Delp sprach von einem „Dritten Weg" zwischen Liberalismus und Marxismus. Für ihn war die Lösung der sozialen Frage die große Herausforderung für das 20. Jahrhundert. Diese Vision besteht heute in der Herausforderung nach (weltweiter) Solidarität (auch mit den Menschen in der Dritten Welt) und nach sozialem Verhalten fort.

Seine Vision von der erneuerten und menschenfreundlichen Kirche kann man so zusammenfassen: Die Kirche muß ökumenisch und diakonisch sein. Sie muß sich für den armen und geplagten Menschen verschleißen lassen. Und ‘wenn die Kirchen der Menschheit noch einmal das Bild einer zankenden Christenheit zumuten, sind sie abgeschrieben’. Die Spaltung der Kirche gilt es als geschichtliches Schicksal zu tragen, sie ist aber auch ‘unsere dauernde Schmach und Schan-

Taufe Christi

Pater Alfred Delp SJ, Fußbodenmedaillon in Silberguß

Papst Johannes XXIII., Fußbodenmedaillon in Silberguß

de', 'da wir nicht imstande waren, das Erbe Christi, seine Liebe, unzerrissen zu hüten'. Für Delp konnte ohne ein christliches Leben volles Menschsein nicht gelingen (Vision eines neuen Menschen). 'Brot ist wichtig, Freiheit ist wichtiger, am wichtigsten aber ungebrochene Treue und die unverratene Anbetung'. 'Nur der Anbetende, der Liebende, der nach Gottes Ordnung Lebende ist Mensch und ist frei und ist lebensfähig'.

Diese Visionen gilt es zu realisieren. Daran will das Porträt von Delp im Fußboden des Chorraumes erinnern und gemahnen, und gleichzeitig will die Jesuitenkirche als Taufkirche von Alfred Delp so das Andenken an diesen großen Sohn Mannheims bewahren. Verhaftung und Verurteilung Alfred Delps vollzogen sich genau zwischen den beiden Todesstößen für die Mannheimer Jesuitenkirche. Die harten und kantigen Gesichtszüge in Ringwalds Porträt geben etwas wieder von der Angespanntheit und von der Unerträglichkeit der Folter durch die Gestapo."

Auf der der Gemeinde zugewandten Seite des Zelebrationsaltares erinnert die Darstellung der Kreuzigung daran, daß die versammelte Gemeinde in der Feier der Eucharistie ihres gekreuzigten Herrn Jesus Christus gedenkt und daß das Geschehen auf Golgotha im Meßopfer sakramental vergegenwärtigt wird.

Wiederum wird das biblische Szenario reduziert auf lediglich vier Handlungsträger. Wiederum bestimmt Christus, am Kreuzesstamm hängend, die Bildachse. Christus ist bereits tot. Das auf die Brust gesenkte Haupt gibt uns dies zu verstehen. Rechts prüft der berittene Longinus mit seiner Lanze den eingetretenen Tod. Links, in Anlehnung an Grünewalds Komposition auf dem Isenheimer Altar, weist der weinende Johannes der Täufer mit seinem linken Arm auf den Gekreuzigten: „Seht das Lamm Gottes ..." Sein ausgestreckter Arm bildet das kompositorische Pendant zur ebenfalls diagonal geführten Lanze des Longinus. Am Fuße des Kreuzesstammes liegt vor Schmerz und Trauer zu Boden gestreckt Maria Magdalena und umklammert das Kreuz. Aus Motiven der Gleichwertigkeit der ungleichgroßen Assistenzfiguren Johannes und Longinus (zu Pferd) streckt sich der Körper von Maria Magdalena vom Kreuz weg nach links. Auch hier genügen wenige Kerbschnitte, um Landschaft und Raum einzuführen. Ringwalds Darstellung der Kreuzigung verzichtet auf den brutalen und bestialischen Akt der Hinrichtung selbst, sie bevorzugt das Endergebnis dieser Todesweise. Sie vertritt somit eine humanere Sicht des Geschehens selbst.

Im Medaillon vor der Kreuzigung erinnert ein Porträt Johannes XXIII. an diesen Reformpapst, dem die heutige Liturgieform, und damit auch dieser Altar, zu verdanken ist.

Auf der Chorseite des Zelebrationsaltares zeugt ein Relief vom Ostergeschehen, der wichtigsten und zentralsten Botschaft des Evangeliums Jesu Christi. „Ist aber der Messias nicht erweckt, so ist leerer Wahn unsere Verkündigung – leerer Wahn auch euer Glaube ... . Nun aber ward der Messias von den Toten erweckt – als Erstling der Entschlafenen“ (1 Kor 15,14 u. 20). Auch hier finden wir die gleichen Mittel von Reduktion, Ökonomie und freier thematischer Gestaltung, die schon die beiden vorher besprochenen Reliefs auszeichnete. Und ebenso wie bei der Kreuzigung wird hier das eigentliche Geschehen, die Auferstehung selbst, nicht dargestellt, vielmehr werden zwei nachfolgende Episoden miteinander verbunden: das leer stehende Grab mit den zwei bei den Synoptikern erwähnten Engeln und die „Noli-me-tangere“-Szene (Joh 20,17). Die Komposition ist diesmal ausgesprochen asymmetrisch aufgebaut. Zwar markiert der linke Rahmen der Grabtür wiederum die vertikale Bildachse, doch steht die aus groben Quadern gefügte Türrahmung vollständig in der rechten Bildhälfte. Außerdem bildet die Grabtür das einzige orthogonale Ordnungssystem der Bildfläche, die ansonsten bestimmt wird durch ungleichgewichtige Diagonalen, die bedeutendere links unten mit Engel, Christus und Maria Magdalena und die steilere, aber kleinere der Flügel des rechten Engels.

Auf dem Silbertondo davor ist die inzwischen datumsmäßig überholte Weiheinschrift für den neuen Altar angebracht (Text s. Anhang 4). Bemerkenswert ist dabei die vom Künstler unbeabsichtigte Koinzidenz mit der ersten Weiheinschrift von 1733, die der Kurfürst Carl Philipp damals ebenfalls auf einer Silberplatte und ebenfalls im Chorbereich hatte anbringen lassen.

Schließlich, auf der vierten Altarseite, dem Ambo zugewandt, finden wir das Pfingstwunder dargestellt. In der Apostelgeschichte des Lukas lesen wir in Kapitel 1,8: „Ihr werdet die Kraft des Hl. Geistes empfangen, welcher auf euch kommen wird, und werdet meine Zeugen sein zu Jerusalem und in ganz Judäa und Samaria und bis an das Ende der Erde.“ Und in Kapitel 2,1-6, erfahren wir: „Und als der Tag der Pfingsten erfüllt war, waren sie alle einmütig beieinander. Und es geschah schnell ein Brausen vom Himmel als eines gewaltigen Windes und erfüllte das ganze Haus, da sie saßen. Und es erschienen ihnen Zungen zerteilt, wie von Feuer; und er setzte sich auf einen jeglichen unter ihnen, und sie wurden alle voll des Hl. Geistes und fingen an zu predigen mit anderen Zungen, nach denen ihnen der Geist gab zu sprechen. Da nun diese Stimme geschah, kam die Menge zusammen und wurde bestürzt; denn es hörte ein jeglicher, daß sie mit seiner Sprache redeten.“ Um dem komplexen Inhalt Bildmächtigkeit zu verleihen und Vereinfachung aufzuerlegen, mußte Ringwald noch mehr als bei den anderen Reliefs bzw. Themen stärkste Eigenmächtigkeit walten lassen. In Gestalt einer flammenden und züngelnden Wolke bricht das „Brausen vom Himmel“ in die Welt herein und berührt dabei den hochgereckten Finger eines emphatisch bewegten Rhetors. Dieser steht am Beginn der linken Bildhälfte auf einem vierfach gestuften Sockel. Hinter ihm wird ein siebenstufiger Turmbau erkennbar: Der Turmbau von Babel als Hinweis auf die „babylonische“ Sprachverwirrung, die durch die Zerstörung dieses blasphemischen Bauwerkes durch Gottes eigene Hand als Strafe über die gesamte Menschheit herabkam und durch das Pfingstgeschehen wieder aufgehoben wurde. Der Verkünder dieser Frohen Botschaft wendet sich an eine Zuhörerschaft in der rechten Bildhälfte. Diese Zuhörerschaft besteht aus einer Gruppe von fünf Einzelpersonen, alle unterschiedlich in Rasse, Kleidung und Geschlecht. Diese Gruppe symbolisiert die fünf Erdteile und damit die gesamte Menschheit. Wiederum wird eine komplizierte Geschichte formelhaft verdichtet, die Predigt in allen Sprachen der Erde und der Missionsauftrag an alle Menschen wird sinnfällig Bild.

Das Bodenmedaillon auf dieser Altarseite erinnert an Prälat Josef Bauer, den langjährigen Pfarrer an der Jesuitenkirche und den ersten Stadtdekan von Mannheim. Unter dem Zelebrationsaltar hat er zusammen mit 14 Jesuitenpatres seine Grabstätte gefunden. Für die Mannheimer Kirchengemeinde etwas über Prälat Bauer zu schreiben, hieße Eulen nach Athen tragen,

Prälat Josef Bauer, Fußbodenmedaillon in Silberguß

Weiheinschrift, Fußbodenmedaillon in Silberguß

denn „seine" Mannheimer kennen „ihren" Prälaten besser als der Verfasser dieser Zeilen: Sein noch heute allgegenwärtiges Wirken während 47 Jahren ausgefüllter Seelsorge und fruchtbarer Leitung der Mannheimer Kirchengemeinde und seine unangefochtene Autorität wirkten sich wohltuend auf den Wiederaufbau der Gemeinde und der Jesuitenkirche aus. Immer wieder kamen Spenden für den Hochaltar mit der Anmerkung: „Aus Dankbarkeit zu Prälat Bauer".

In seiner Beliebtheit und volkstümlichen Art war er aber auch der „Lockenseppel" seiner Mannheimer. Bereits nach vierjähriger Amtszeit veranlaßte er 1906 die erste umfassende Restaurierung der Jesuitenkirche. In Karl Anton Straubs „Mannheimer Kirchengeschichte" (1957) heißt es über den Prälaten: „Er war ein Mann der Tradition, der das Andenken an die kurfürstlichen Erbauer der Jesuitenkirche durch Aufstellung ihrer Figuren in der Vorhalle ehrte und den Särgen des Kurfürsten Carl Philipp und seiner Gemahlin in den Nachkriegsjahren sichere Geborgenheit vor verbrecherischen Händen in der Gruft der Jesuitenkirche gewährte. Innige, einfache und kernige Frömmigkeit zeichneten ihn aus."

Als der „Lockenseppel" gerademal einundachtzigjährig 1949 in den mehr als verdienten Ruhestand trat, wußte er, daß der Neuanfang geregelt war und in guten Händen lag. Zwei Jahre später verließ er für immer seine Gemeinde und sein Dekanat Mannheim. Wer sich von den älteren Mannheimern noch an ihn erinnert, hat sicher auch noch seine zu Herzen gehenden Predigten im Kopf. Hier, auf der dem Ambo zugewandten Seite des Altares, können ihn seine treuen und dankbaren Schäfchen, wann immer sie wollen, besuchen, für ihn beten und in seinem gütigen, in Silber gegossenen Antlitz Kraft und Zuversicht finden.

Zum Altar gehören auch noch die vier 2,20 m hohen Kerzenständer. Ihr nach oben sich verjüngender dreifach gewirtelter Schaft ist massiv gearbeitet. Ihm sind die Rosenranken aufgesetzt. Die dadurch entstehende eindringliche körperliche Kompaktheit hat einen ganz konkreten Grund. Der neue Altar mit seiner filigranen Leichtigkeit verlöre sich als liturgisches Mobiliar im weiten und lichten Chorraum, der durch den barocken Hochaltar allein schon ausgefüllt ist. Der Standpunkt der vier monumentalen Kerzenständer ist im Bodenmuster genau festgelegt durch vier kleine Kreisfelder in der Mitte der breiten Diagonalbahnen, die das vordere kleinere Bodenquadrat definieren. Durch ihre hochaufgerichtete und kräftige Gestalt grenzen die vier Standleuchter innerhalb des Chorraumes einen eigenen kleinen Raum aus, den Raum des Zelebrationsaltares. Durch diese optische Verankerung im Chorraum gewinnt der kleine liturgische Altar erst an Bedeutung und Aufmerksamkeit. Nichts ist dem Zufall überlassen, alles ist durchdacht und begründet.

Zur weiteren Chorausstattung gehören mit ebenfalls festgelegtem Platz der Osterleuchter und der Ambo. Beide, Ambo und Osterleuchter, sind als Entsprechung nach dem Gestaltungsprinzip des neuen Altares ebenfalls als filigranes Rosengeflecht gestaltet. Mobile Ausstattungsstücke sind die fünf Sedilien, das kleine Lesepult und das Vortragekreuz. Das liturgische Gerät besteht aus zwei niedrigen reifförmigen Kerzenständern, einem silbernen Lesepult, zwei größeren dreibeinigen Kerzenständern und einem Standkreuz für den Altar. Alle diese Einzelstücke sind erlesene Kunstwerke für sich. Ganz besonders gilt dies für das mit Lapislazuli und Russischem Jadestein veredelte Altarkreuz. Fast ungerecht muß es erscheinen, hier keine detaillierte Beschreibung vorzunehmen. Aber hier mögen die Abbildungen für sich sprechen; und diese bekräftigen, daß Ringwald hier ganz nach der Forderung des Hl. Benedikt von Nursia gehandelt hat: „Omnia vasa monasterii cunctamque substantiam ac si altaris vasa sacrata conspiciat. Nihil ducat neglegendum."(RB, XXXI,10,11).

4 Die Botschaft

Die katholische Kirche war von jeher ikonophil eingestellt. Die katholische Politik und Theologie hat gerade gegen die ikonoklastische Theologie der Reformatoren des 16. Jahrhunderts mit den Beschlüssen des Tridentiner Konzils diese Grundeinstellung bekräftigt, und die gegenreformatorische Kunst des Barock endet mit einem Siegeszug des Bildes, einem Sieg der Bildkünste über die Architektur. Über die Rolle der Jesuiten bei diesem über dreihundertjährigen Prozeß ist vorab gesprochen worden.

Heute, zum Ende des 20. Jahrhunderts, leben wir in einer ausgesprochenen Welt der Bilder: Comics, Illustrierte, Bildbände, Fernsehen, Werbung, Design, Mode etc. Wer sich vergegenwärtigt, wie omnipräsent wir heute von säkularisierten Bildern im Alltagsleben umgeben und bestimmt werden, wird vielleicht nachdenklich werden über jede Form von Bilderfeindlichkeit. In bezug auf die beiden Altäre der Mannheimer Jesuitenkirche hat Msgr. Dekan Schroff erläutert: „Die Neuschöpfung dieser Plastiken hat also theologisch und pastoral durchaus Sinn. Auch die Menschen des 20. Jahrhunderts verinnerlichen ihren Glauben nicht nur über die Ratio, sondern auch über das Bild und die sakrale Kunst." Ecce imago sacro.

Im Sinne der Religion ist das Bild Träger und Transporteur von Inhalten, von Botschaften und Geboten. Die christliche Religion verkündet das Evangelium ihres Stifters Jesus von Nazareth, die Botschaft vom Kommen des Reiches Gottes, die Frohe Botschaft:

Der barocke Hochaltar nach einem Stich von Rabaliatti in der Festschrift „Basilica Carolina" von 1760

Gott liebt uns, alle Menschen, alle seine Geschöpfe, seine von ihm erschaffene Welt.

Wie läßt sich diese Botschaft aber vereinen mit den Realitäten in dieser Welt, mit dem Unrecht, mit der Ungerechtigkeit, mit Krankheit und Leid, mit dem Hungertod von Millionen, mit der Hölle von Auschwitz, mit Krieg und Terror, mit dem Sterben von unschuldigen Kindern?

Die Grundaussage der biblischen Geschichtsdeutung lautet: Gott hat die Welt nicht so gewollt und nicht so gemacht, wie sie uns konkret begegnet. Er wollte und will das Leben und nicht den Tod. Er will nicht, daß Menschen leiden, er will das Glück der Menschen in der Gemeinschaft mit ihm. In der biblischen Erzählung vom 'Paradies' kommt dieser ursprüngliche Plan Gottes zur Sprache. In der Erzählung vom Sündenfall wird dann gesagt ,daß das Übel und das Böse in der Welt nicht auf Gott zurückgeht, sondern auf den Menschen'. – Auch in diesen Erzählungen redet übrigens die Bibel in Bildern, sie erzählt uns diese theologischen Wahrheiten in mythologischen Bildern. Die Sünde hat allerdings in der Bibel weder das erste noch das letzte Wort. Der Mensch kann zwar Gottes Plan durchkreuzen, die Liebe Gottes und der Heilswille Gottes sind aber stärker. Alle Sündenfallgeschichten in der Bibel enden mit der Heilsverheißung: Gott will nicht den Tod des Sünders, sondern sein Leben. Gott macht sich Israel zum Bundesvolk; aus ihm soll der kommende Erlöser hervorgehen. In Jesus von Nazareth schließlich hat Gott seine Verheißungen wahr gemacht. Bei seiner Geburt kündet der Engel den Hirten auf den Feldern von Bethlehem: 'Heute ist euch in der Stadt Davids der Retter geboren; er ist der Messias, der Herr' (Lk 2,11). Und Johannes deutet das Leben und Wirken Jesu mit der Aussage: 'Und das Wort ist Fleisch geworden und hat unter uns gewohnt' (Joh 1,14). Aber auch Jesus findet nicht nur Glauben, er begegnet auch dem Unglauben: 'Er kam in sein Eigentum, aber die Seinen nahmen ihn nicht auf' (Joh 1,11). Aber wieder kann die Hartherzigkeit der Menschen Gottes Heilspläne nicht umstoßen. Der Tod Jesu am Kreuz wird zum Erweis der äußersten Liebe Gottes zu den Menschen: 'Denn Gott hat die Welt so sehr geliebt, daß er seinen einzigen Sohn hingab, damit jeder, der an ihn glaubt, nicht zugrunde geht, sondern das ewige Leben hat' (Joh 3,16). Adam hat einst als Repräsentant der ganzen Menschheit den Tod aller Menschen verschuldet. Jesus Christus, die Fülle des Lebens, hat sich mit uns im Tod solidarisch gemacht. Gott aber hat ihn auferweckt; sein Tod wird so auch zur Quelle des Lebens für alle Sterblichen. 'Die Auferweckung des Gekreuzigten ist Gewähr dafür, daß am Ende das Leben über den Tod, die Wahrheit über die Lüge, die Gerechtigkeit über das Unrecht, die Liebe über den Haß und selbst über den Tod siegen wird' (Kath. Erwachsenenkatechismus). Durch die Taufe wird der Christ in das Todesleiden Christi hineingenommen, um auch einmal an seinem Leben Anteil zu erhalten. Durch die Teilnahme am eucharistischen Mahl wird die versammelte Gemeinde eins mit dem gekreuzigten und auferstandenen Herrn und eins untereinander. 'Wer mein Fleisch ißt und mein Blut trinkt, der bleibt in mir und ich in ihm' (Joh 6,56). Oder: 'Ein Brot ist es, darum sind wir viele ein Leib; denn wir alle haben teil an dem einen Brot' (1 Kor 10,17). So nimmt die Feier der Eucharistie das himmlische Hochzeitsmahl, die Vollendung der Heilsgemeinschaft sakramental vorweg (vgl. Offb 19,9). Deshalb ist die Eucharistie Quelle und Höhepunkt des christlichen und kirchlichen Lebens (Zweites Vatikanum LG 11). Die nachkonziliare Liturgiereform hat diesen Aspekt im Blick, wenn sie einen 'Zelebrationsaltar' vorschreibt, um den sich die Gemeinde wie um einen Tisch versammeln kann.

Die Auswahl der Themen der Altarreliefs versteht sich aus dieser biblischen Sicht der Heilsgeschichte Gottes mit den Menschen: die Taufe Jesu im Jordan, sein Tod am Kreuz, seine Auferstehung und Geistsendung. Gerade das vierte pfingstliche Altarrelief erinnert daran, daß alle Christen berufen sind, die Frohe Botschaft Jesu bis an die Grenzen der Welt zu tragen und den Glauben an diese Botschaft in ihrer Umwelt zu bezeugen.

Die Porträts von Pater Alfred Delp SJ, Papst Johannes XXIII. und Prälat Joseph Bauer, dem langjährigen Seelsorger an dieser Kirche, zeigen, daß es auch heutzutage gefordert sein kann, diesen Glauben mit seinem Leben zu bezeugen (Delp), die Kirche aus manchen Verkrustungen zu lösen und an ihrer Erneuerung mitzuarbeiten (Johannes XXIII.) und den Menschen in ihren Sorgen und Problemen im Geiste Jesu nahe zu sein (Prälat Bauer).

Was für das 18. Jahrhundert noch einer Revolution im Verständnis der Heilsgeschichte gleichkam, nämlich die Einbindung der Gegenwart in die Heilsgeschichte als deren Verlängerung und Vollendung, nimmt heute niemand mehr als Theatrum sacrum ecclesiae Manhemensis wahr, der Vorgang ist uns heute ganz selbstverständlich. Die Verbindung der neutestamentarischen Szenen in den Altarreliefs mit Vertretern dieser Mission der Frohen Botschaft in unserer Zeit, Pater Delp, dem Märtyrer, Papst Johannes XXIII., dem Reformpapst, und Prälat Bauer, dem guten Hirten der Mannheimer Herde, findet heute niemand mehr als unpassend oder ungewöhnlich.

Für den spätbarocken Hochaltar mit seiner Botschaft ist nach dessen Aktualität gefragt worden. Das große Thema des Theatrum honoris der Jesuiten und seine Konzentration in der Figurengruppe des Hochaltars verbindet sich aus sich heraus mit dem großen Thema des neuen Altares. Einer Legitimation, welcher Art auch immer, bedarf es dazu nicht. Das Thema der

Jesuitenkirche und das große Thema des neuen pfarrgemeindlichen Altares sind eines Geistes und eines Wortes. Der Volksmund sagt: „Was wahr ist, bleibt wahr.“ Wahrheit fragt nicht nach Aktualität oder Sensation. Für die Mannheimer Kirchengemeinde war dies offensichtlich nie ein Problem. Sei's drum. Das ist zwar diesmal kein Wunder, aber dies zu wissen, ist auch eine Frohe Botschaft.

OMNIA AD MAJOREM DEI GLORIAM

Der Ablauf der Rekonstruktion des Hochaltars der Mannheimer Jesuitenkirche aus technischer Sicht

Klaus Gräf

Vorbereitung und erste Kontakte

Im August 1988 fragte mich Dr. Norbert Fritz, Generalbevollmächtigter der Heidelberger Zementwerke, ob ich Interesse habe, bei der Rekonstruktion des Hochaltars der Mannheimer Jesuitenkirche mitzuwirken. Dieses Angebot ehrte mich einerseits, andererseits ließ ich mir für die Entscheidung Zeit, denn ich ahnte, daß ein solches Projekt für einen Architekten des ausgehenden 20. Jahrhunderts eine ungewöhnliche Herausforderung bedeutet.

Nachdem ich diese Aufgabe angenommen hatte, kam es zu einem Treffen mit dem Architekten des Erzbischöflichen Bauamtes Heidelberg, Günter Sauer, der für die Arbeiten zuständig war. Er erklärte mir, daß nach jahrelanger Diskussion bei den zuständigen Gremien die Entscheidung gefallen sei, den im Zweiten Weltkrieg zerstörten Hochaltar der Mannheimer Jesuitenkirche zu rekonstruieren. Bei einem weiteren Treffen stellte mich Günther Sauer dem Leiter des Erzbischöflichen Bauamtes, Oberbaudirektor Egmont Reis, und seinem Stellvertreter, Baudirektor Werner Wolf-Holzäpfel, vor. Sauer erwähnte hierbei, daß er sehr krank sei und deshalb dieses große Projekt nicht allein bearbeiten könne.

So kam es also, daß ich als freier Mitarbeiter des Erzbischöflichen Bauamtes mit dieser einmaligen und so reizvollen Aufgabe beauftragt wurde. Bald aber sollte ich erfahren, daß es nicht einfach ist, die Verantwortung für ein solch großartiges Vorhaben zu tragen. Heute, nachdem das Werk beendet und gelungen ist, sehe ich mit viel Freude auf die vergangenen acht Jahre der Planungs- und Ausführungszeit zurück, auch wenn dabei sehr schwierige Aufgaben gelöst werden mußten.

Es ist mir ein Anliegen, an dieser Stelle Günter Sauers, der am 7. August 1990 verstorben ist, zu gedenken und für die vielen Ratschläge und Hinweise zu danken, die er mir noch mit auf den Weg geben konnte.

Bongard-Marmorsäulen mit Architravuntersicht

Theorie der Rekonstruktion

Beginnt man mit der Planung eines solchen Vorhabens, so gilt es als erstes, in die Gedanken des barocken Baumeisters, Peter Anton von Verschaffelt, einzudringen. Vom ehemaligen Hochaltar waren nur noch Amateuraufnahmen und Fotos aus dem Archiv des Landesdenkmalamtes Baden-Württemberg, Außenstelle Karlsruhe, vorhanden. Mit Hilfe dieser Bilder mußte es gelingen, räumliche Abmessungen des Altars zu bestimmen. Zu Hilfe kamen Prof. Dr. Hell, der Leiter der Abteilung Vermessung der Fachhochschule Karlsruhe, und sein Mitarbeiter Dipl. Ing. Otto. Sie wählten zwei der Amateurfotos aus, um photogrammetrisch bestimmte Punkte in einem Koordinatensystem zu definieren. Anhand dieser Fotos konnte man relativ genau den Standort des Fotografen feststellen, allerdings konnte man nicht feststellen, welches Objektiv er benutzt hatte. Bei der Photogrammetrie werden, ähnlich wie bei einer Stereokamera, zwei Bilder „übereinander geschoben", so daß sich ein dreidimensionales Bild ergibt, d.h. der Betrachter kann die Raumtiefe erkennen. Je weiter die Aufnahmestandorte auseinander liegen, um so genauer kann man die Raumtiefe definieren. Mit Hilfe eines Rechners wurden bestimmte Punkte bzw. Linien in einem definierten Koordinatensystem gemessen und als Koordinatenpunkte festgehalten. Für jeden Punkt wurden mehrere Messungen durchgeführt, und durch die Bildung des Mittelwertes erhielten wir die größte Genauigkeit. Prof. Dr. Hell bestätigte eine Genauigkeit für die gesamte Altarapsis von +/- 5 cm und für den Säulenstandort sogar von +/- 1 cm. Die Schwierigkeit war nicht die Höhe oder die Breite des Altars, sondern seine Tiefe. Hätte man Stereoaufnahmen nach dem heutigen Stand der Technik gehabt, so wäre es für einen Rechner ein Leichtes gewesen, den Altar nachzuzeichnen. Da dies aber nicht der Fall war, mußten andere Lösungen gefunden werden.

Prof. Dr. Jörg Gamer, der dieses Werk als Kunsthistoriker beratend begleitete, gab mir den Ratschlag, in der Universitätsbibliothek Heidelberg die Regeln des „Jakob Barozzi von Vignola" in der Übersetzung von Joh. Rud. Fäsch zu studieren bzw. umzusetzen.

Hier ist es mir wiederum ein großes Anliegen, Prof. Dr. Jörg Gamers zu gedenken, der mitten in diesen Arbeiten am 4. Mai 1993 starb, und ihm besonders zu danken, daß er mir den richtigen Pfad aufgezeigt hat. Prof. Gamer gab auch zu bedenken, daß der Hochaltar nicht wiederaufgebaut werden sollte, ohne ein Verständnis des Werks von Verschaffelt zu gewinnen.

Eine weitere Anregung war, im Reiss-Museum Mannheim und im Kurpfälzischen Museum Heidelberg die Zeichnungen und Pläne Verschaffelts nachzuvollziehen. Anders als im Reiss-Museum, wo nur Zeichnungen vorhanden sind, konnte ich im Kurpfälzischen Museum verschiedene Architekturpläne von Verschaffelt genauer studieren. Erstaunlicherweise weisen Verschaffelts Pläne vom Grundriß zum Aufriß (Schnitt) nicht unerhebliche Fehler auf. Offensichtlich haben auch die großen Baumeister des 18. Jahrhunderts Fehler gemacht bzw. nicht alles so genau genommen.

Für die Rekonstruktion des Hochaltars gab es zwei wichtige Grundsätze, die alle Beteiligten vorrangig beachteten:

- in Form und Material so nah wie möglich an das Original herankommen
- in der Ausführung höchste Qualität erreichen.

Nachdem durch Dipl. Ing. Otto, FH Karlsruhe die sechs Säulenmittelpunkte eindeutig bestimmt waren, stand nun die Aufgabe an, den Altargrundriß zu konstruieren und zu verstehen. Prof. Gamer konnte mit Bestimmtheit sagen, daß es sich hier nicht um eine Ellipse handelte. Nach langer Zeit des „Tüftelns" kam ich zu dem überzeugenden Ergebnis, daß Peter Anton von Verschaffelt einen fünfteiligen Korbbogen als Grundlage seiner Konstruktion benutzt hatte, aber die Säulen 1 + 2, sowie 5 + 6 durch Umstechen seines Zirkels auf die Mittelpunkte M 5 und M 6 nach außen verschob. In anderen Worten: Verschaffelt öffnete den Altar zur Gemeinde hin und hat damit den Sichtbezug zum Mittelpunkt (Tabernakelhaus) extrem verstärkt. Verblüffend dabei war, daß diese Konstruktion mit den rechnerisch ermittelten Säulenmittelpunkten genau übereinstimmte, mit Ausnahme der Säulen 3 + 4 – hier gab es eine Abweichung von 1 cm.

Nachdem der Grundriß des Altars gefunden und in einem Plan Maßstab 1:10 festgehalten war, mußte das Verhältnis von Säulenstuhl, Säulenbase, Säulenfuß, Säulenschaft, Kapitell, Gebälk und Architrav gefunden werden. Hier ist die „Generalregel über die fünf Säulen mit dem Gebälk und Säulenstuhl" nach Vignola anzuwenden bzw. umzusetzen. Die Verhältnisse werden bei Vignola als Teile bzw. Unterteilungen bezeichnet, genannt *Modul* bzw. *Moduli*, welche keine Definition in unserem metrischen System haben. Die Moduli sind wieder unterteilt in *Partes*. Es kann, je nach Baumeister, ein Modul 12, 18 oder 30 Partes haben.

Da das Koordinatensystem der Photogrammetrie
metrischen System arbeitet, galt es nun, anhand c
gemessenen Punkte Verhältnisse aufzuzeigen, daß ei
der fünf Säulenordnungen, von Unterkante Säule
stuhl bis Oberkante Architrav, mit den vorgegeben
Moduli und Partes übereinstimmte. Dies gelang nic
auf Anhieb, da z.B. an der Säulenbase 2 cm zuviel (na
Messung) und beim Säulenschaft 2 cm zuwenig ware
Hier stellte sich die Frage: Ist (war) das Objektiv d
Amateurfotografen schuld oder war es die Ausführu
mit Toleranzen der damaligen Steinmetze, da d
Gesamtmaß wieder stimmte. Es würde hier zu we
führen, wenn jeder Schritt zum „Ziel" erklärt werd
müßte.

Das Ergebnis ist, daß Verschaffelt die Römisc
Ordnung wählte und Komposit-Säulen bauen lie
Dabei entsprach ein Modul 33,05 cm und ein Pa
1,016666 cm. Auch hier stimmten die gemessene
Punkte erstaunlich genau mit der Säulenordnung vc
Vignolas Lehrbuch überein. Es gab eine Abweichur
von gemessenen Punkten und der Lehre Vignola
diese betraf die Höhe des Architravs. Vignola bestimn
diese Höhe mit 2 Moduli, gemessen wurden 2 1/
Moduli, das bedeutet eine Differenz von 6,9 cm. Auc
hier kann ich nicht beantworten, wodurch diese Di
ferenz zustande kommt (Objektiv oder Handwerke
Vielleicht auch die Tatsache, daß die Säulen scho
gefertigt waren?). In Übereinstimmung mit Pro
Gamer wurde diese Differenz von 6,9 cm ignoriert un
die Rekonstruktion nach Vignola ausgeführt.

Detail-Planung

Nun stand das theoretische Gerippe, und die Detail
arbeit begann. Um dieses Werk wiedererstehen zu las
sen, war es erforderlich, den Altar von unten nac
oben abschnittsweise im Schnitt mit allen Details in
Maßstab 1:1 aufzuzeichnen. Das bedeutete auch, da
jede Profilierung, wie Plättchen, Stab, Pfuhl, Kehlleiste
Rinnleiste etc. um nur einige zu nennen, in Partes nac
den Regeln von Vignola konstruiert werden mußte
anschließend mußten diese Werte für die Ausführen-
den in das metrische Maß umgerechnet werden. Dabe
kamen teilweise ganz kuriose Maße heraus. So hab
ich Säulenstuhl, Säulenbase, Gebälk und Architrav
nach den Regeln von Vignola im Plan erfaßt. Anders
bei den Säulen, deren Dimensionen nicht auf das Zeichenbrett paßten; deshalb wählte ich hier den Maßstab 1:10. Da die Säulen beim ersten Drittel ihrer Höhe
den größten Durchmesser haben und sich nach oben
und unten verjüngen, verweist hier Vignola auf Daviler „Die Säulenverdünnung", der eine logische
Konstruktionserklärung, immer auf die Moduli bezogen, im Bild darstellt. Das bedeutet, daß die Verdickung beim 1. Drittel der Säulen – auch Entersis

Blick von der Orgel zum rekonstruierten Hochaltar

genannt – bei diesem Altar zwei Moduli = 66,10 cm beträgt, d.h. 10 % der gesamten Säulenkonstruktion sind = 6,61 m = 20 Moduli.

Nun war die Säulenädikula im Plan erfaßt, und der eigentliche Altar wurde, genau wie das Ädikulum, im Maßstab 1 : 1 von unten nach oben im Schnitt gezeichnet. Da der Altar drei vorgelegte Stufen, mit einem Steigungsverhältnis von 15,80 cm / 41,754 cm, hatte, steht er um 47,40 cm höher als die Unterkante des Säulenstuhls. Das sarkophagähnliche Antependium, mit den reichhaltig verzierten, angedeuteten Füßen an den Ecken, schwingt sich empor zur Mensa. Die das Antependium schmückende Mittelkartusche hat – sehr beschädigt – die Kriegswirren überlebt und ist heute als ergänztes Original wieder angebracht. Hinter der Mensa erhebt sich die reichverzierte Predella mit dem

Tabernakel in der Mitte. Auch die Tabernakeltürverzierung – Kelch mit Strahlenkranz – hat den Zweiten Weltkrieg überstanden und wurde im Original wieder angebracht. Darüber erhebt sich das reich profilierte Figurenpostament mit dem zweiseitig konkav eingelegten Marmorspiegel. Davor steht als eigenständiges, besonders reich verziertes und farblich hervorgehobenes Gebäude das Tabernakelhaus mit einem Drehtabernakel. Die Entwurfspläne Verschaffelts aus dem Kurpfälzischen Museum Heidelberg waren die Grundlage für die Ausführungsplanung, die, das sei hier schon erwähnt, Dominik Schnitzer, der Sohn der die Stuck- und Stuckmarmorarbeiten ausführenden Fa. Schnitzer, als Architektur-Diplomarbeit – in enger Abstimmung mit mir – hervorragend ausführte.

Das Material

Originalgetreu rekonstruieren, heißt, sich auch im Material an das Vorbild zu halten. Peter Anton von Verschaffelt mußte auf Weisung des Kurfürsten Carl Theodor in seine Altarplanung die bereits vorhandenen sechs Säulen aufnehmen. Diese waren aus Bongard-Lahn-Marmor. Aus alten Rechnungen war ersichtlich, daß der ganze Altar bis Unterkante Kapitell aus diesem „Lahn-Marmor" gefertigt war. Zusätzlich bestätigt ein Vergleich mit den noch erhaltenen alten Pilaster-Sockelverkleidungen diese Erkenntnis. Es handelt sich also bei diesem Hochaltar um einen in Deutschland einzigartigen Natursteinaltar.

Die Abmessungen des Hochaltars betragen:

Breite:	Im Bereich der Säulenpostamente	9,72 m
	Im Bereich des Architravs	10,50 m
Tiefe:	Vorderkante Mensa bis Hinterkante Sockelzone	5,38 m
Höhe:	Unterkante Säulenstuhl bis Kreuzabschluß am Baldachin	18,20 m
Gewicht:		242 Tonnen

Für dieses Gewicht von 242 Tonnen mußte im Chorraum die Bodendecke erneuert werden, um den statischen Anforderungen gerecht zu werden. Beim Wiederaufbau nach dem Zweiten Weltkrieg wurde nämlich das ursprüngliche Tonnengewölbe über der Krypta durch eine Stahlbetondecke ersetzt, wobei als „Stahl" alte, ausgebrannte Eisenbahnschienen verwendet wurden. Außerdem wurde nach dem Krieg der Chorraum um eine Stufenhöhe von 14,8 cm höhergelegt. Auch diese Bodenhöhe mußte korrigiert werden.

Das nächste große Problem tat sich auf: Wie ist das Originalmaterial der Säulen zu beschaffen? Die Fa. Engelbert Müller aus Villmar an der Lahn hat diesen Stein angeboten. Unweit von Villmar liegt der seit langer Zeit geschlossene Steinbruch, in dem der rötlich-milchige Bongard abgebaut wurde. Ca. 6 km entfernt von diesem Bruch wurde der dunkelgraue Formosa gebrochen. Diese zwei Steinarten sind kein echter Marmor, wie man sie aus Cararra kennt, d.h. sie haben keine Metamorphose durch Hitze erfahren, sondern sind „nur" unter extremem Druck gepreßt. Korrekt müßte man sagen, es ist ein polierter Stein. Beim Altar der Mannheimer Jesuitenkirche bestehen die Säulenstühle aus Formosa, mit eingelegten Spiegeln aus Bongard, die Säulenbasen, Säulenfüße und Säulenschäfte sind ganz aus Bongard und die Kapitelle sind aus Stuckgips gefertigt. Das Gebälk mit den Initialen C. T. (Carl Theodor) und E. A. (Elisabetha Augusta), sowie der Architrav bestehen aus Stuckmarmor. Die auf dem Architrav ruhenden Voluten, die ihren Abschluß in dem Baldachin mit der Weltkugel und dem Kreuz finden, sind aus Stuckgips geformt. Die Altarstufen, das Antependium, die Mensa und die Umrahmungen der Predella mit Tabernakel sind aus Bongard gefräst. Das Figurenpostament der Hauptgruppe besteht aus Formosa mit einem zweiseitig konkaven Spiegel aus Bongard. Das Tabernakelhaus ist aus Stuckmarmor unter Hinzufügung von Alabastersteinen gefertigt. Die Säulen des Tabernakelhauses sind aus Onyx. Kritiker bzw. Zeitzeugen sagen, daß diese Säulen im Original eine gelblichere Farbtönung hatten, im Gegensatz zu den mehr grünlichen der Rekonstruktion. Dagegen ist einzuwenden, daß es besonders schwer war, überhaupt solch einen Stein in der für unsere Säulen notwendigen Größe zu finden. Außerdem können wir Menschen – Gott sei Dank – nicht in die Natur eingreifen, denn beim Aufschneiden fällt jeder Stein in seiner Farbigkeit und Struktur anders aus. Wir sind aber glücklich, daß die mehr grünlichen Tabernakelsäulchen mit den Stuckmarmorspiegeln an den Pilastern hervorragend korrespondieren.

Die Ausführung

Wer kann in der heutigen Zeit die (alte) Handwerkstradition des 18. Jahrhunderts noch ausführen und so mit der entsprechenden Sensibilität zum Gelingen der Rekonstruktion beitragen? Bauherr und Architekt waren sich einig, daß auch in der Ausführung höchste Qualität gefordert wird. Es galt also, Handwerker und Bildhauer, die an dem Projekt „Rekonstruktion Hochaltar" beteiligt waren, vor Auftragsvergabe auf die Qualität ihrer Ausführung zu prüfen. Dekan Msgr. Horst Schroff, als Vertreter der Kirchengemeinde „Obere Pfarrei", Oberbaudirektor Egmont Reis, Leiter des Erzbischöflichen Bauamtes Heidelberg, und der Verfasser reisten kreuz und quer durch Deutschland und Österreich, um die besten Handwerker und Künst-

Tabernakelhaus mit Strahlenkranz

ler für unser Projekt zu gewinnen. Als erstes standen die Natursteinarbeiten an, die von Günter Sauer und seinem Mitarbeiter, Bernhard Bachmann, ausgeschrieben wurden. Die Vergabe der Arbeiten fand am 26. November 1988 durch den Stiftungsrat der „Oberen Pfarrei“ statt. Den Auftrag erhielt die Firma Engelbert Müller, Werkstätte für Steinbearbeitung aus Villmar an der Lahn. Der Chef der Firma, Herr Höhler, übergab zu diesem Zeitpunkt die Leitung des Unternehmens an seinen Neffen, Thomas Meuser, der voller Energie mit mir jedes Detail akribisch genau besprach, bis alles verstanden war. Unter seinem Bürogebäude besitzt Thomas Meuser einen großen Keller, und nach kurzer Zeit hatte er hier die eine Hälfte des Altar-Grundrisses von meinen Plänen im Maßstab 1:10 in die Realität, d.h. im Maßstab 1:1 mit Hilfe eines Riesen-Zirkels umgesetzt. Hier wurde mir zum erstenmal bewußt, welch große Dimensionen der Altar hat, der sich heute wie selbstverständlich in den Kirchenraum einfügt. Voraussetzung für die Auftragsvergabe an die Fa. Müller war, daß das Originalmaterial (Bongard und Formosa) wie zu Carl Philips bzw. Carl Theodors Zeiten verwendet wird. Die Fa. Müller konnte erreichen, daß der längst geschlossene Steinbruch, der im Besitz der Stadt Villmar ist, wieder geöffnet wurde. Mit Hilfe eines fahrbaren, 1000 Tonnen hebenden Kranes konnten zwei Felsbrocken geborgen werden. Einer dieser Felsbrocken, aus dem später die Säulen gedreht wurden, hatte ein Gewicht von 140 Tonnen, was einem nicht beladenen Jumbo-Jet entspricht. Nachdem das Material zerkleinert und in die Werkstatt gebracht wurde, entstanden aus dem unscheinbaren, mausgrauen Stein durch Schleifen, Drehen und Polieren die edlen, unseren Altar umgebenden Säulen, Spiegel, Postamente usw. Die Fa. Müller hat mit großer Handwerkskunst die ihr vorgelegten Pläne umgesetzt. Selbst die barocke Form des Säulenstuhles bei den Säulen 1 und 6 – hier schwingt sich das Profil in eine konvex-konkave Form – wurde hervorragend geschaffen; beim Anfassen kann man dieses so schwierige und wohlgelungene Detail geradezu sinnlich-fühlend wahrnehmen.

Am 6. September 1990 wurden die zweiteiligen Säulen im Hof der Fa. Müller aufgestellt und so ausgerichtet, daß die „Schokoladenseiten“ später in Richtung Kirchenraum weisen.

Parallel zu den Natursteinarbeiten wurden die Stuckmarmor- und Stuckgipsarbeiten ausgeschrieben. Es gibt in Deutschland nur wenige Handwerksfirmen, die Stuckmarmor und Stuckgips in diesen Dimensionen herstellen können. Dekan Msgr. Schroff, Egmont Reis und der Verfasser haben deshalb sehr viele Bauwerke von Bruchsal über Würzburg und Neresheim bis München in Augenschein genommen und mit den für die Erhaltung Zuständigen Gespräche geführt. Schließlich bekam die Fa. Jakob Schnitzer & Sohn aus Augsburg den Auftrag für die Stuckgips- und Stuckmarmorarbeiten. Schwierig war es, die richtige Farbigkeit des Stuckmarmors zu bestimmen. Es wurden viele Muster angelegt. In der Woche vor Pfingsten 1991 wurden diese Muster vor Ort in der Jesuitenkirche auf ihre Wirkung geprüft. Es entwickelte sich dabei zwischen dem Dekan und dem fünfundachtzigjährigen Seniorchef Jakob Schnitzer folgendes Gespräch, das als Anekdote in die Geschichte eingehen darf: Da die Ansichten über die verschiedenen vorgelegten Muster differierten, fragte Jakob Schnitzer den Dekan: „Haben sie schon Ihre Pfingstpredigt vorbereitet?“ Antwort von Dekan Schroff: „Nein“. Darauf Jakob Schnitzer: „Dann machen Sie eine gute Pfingstpredigt und ich mache einen guten Altar.“ In der Tat, der Seniorchef hat den gesamten Stuckmarmor für unseren Altar selbst angerührt und die Farbigkeit mit seiner großen Erfahrung bestens bestimmt.

Am 9. Januar 1991 kam Dipl. Ing. Otto von der Fachhochschule Karlsruhe mit Vermessungsgerät und Computer, um die Achsen der Photogrammetrie im Chorraum anzutragen. Interessant war dabei die Erkenntnis, daß die Mittelachse der Kirche, gemessen vom Chorraum bis zum hinteren Hauptportal am Asamplatz, um 1,50 m versetzt ist.

Noch am gleichen Tag begann Herr Stein von der Fa. Engelbert Müller die erste Mörtelschicht für den Aufbau des Hochaltars aufzubringen. Bereits am 1. März 1991 waren alle sechs Säulen aufgebaut. Bei der Fa. Schnitzer in Augsburg nahmen inzwischen die Kapitelle, das Gebälk und der Architrav Formen an. Am 17. Juli 1991 mischte Jakob Schnitzer den Stuckmarmor und ließ ihn, ähnlich einem Marmorkuchen, von der Knetmaschine durcharbeiten. Der frische Stuckmarmor wurde in die Negativform des Architravs, in einer Dicke von ca. 2-3 cm, eingebracht, um auszuhärten. Nach der Austrocknung mußte in mehreren Arbeitsgängen die Oberfläche des Stuckmarmors geschliffen und poliert werden.

Es war an der Zeit zu überlegen, wer die Faß- und Vergoldearbeiten in höchster Qualität ausführen konnte. Erkundigungen beim Landesdenkmalamt und beim Staatlichen Hochbauamt, unter dessen Leitung die Rekonstruktion des Bruchsaler Schlosses erfolgte, ergaben, daß damals vier qualifizierte Firmen aufgefordert worden waren, ein Muster anzulegen. Eine unabhängige Kommission beurteilte die Arbeiten und kam zu dem Ergebnis, daß die Fa. Hatzelmann, Nachf. Alfred Bienapfl aus Friedberg bei Augsburg, den Zuschlag zur Ausführung der Arbeiten bekommt. Daraufhin haben Dekan Msgr. Schroff, Egmont Reis und der Verfasser die Werkstätte der Fa. Hatzelmann besucht und sich von der Leistungsfähigkeit dieser Firma überzeugt, nachdem im bayrischen Raum viele Referenzobjekte besichtigt worden waren.

Bei der Fa. Schnitzer waren am 10. Juli 1992 die Voluten über dem Architrav, die den Baldachin mit

Weltkugel und Kreuz tragen, werkstattmäßig fertiggestellt. Diese Voluten mit Baldachin haben innen einen statisch tragenden Stahlkern, ebenso der Architrav, um die gesamte Konstruktion zusammenzuhalten und im rückseitigen Teil die Verbindung zum Außenmauerwerk der Kirche herzustellen. Das Ingenieur-Büro Hartmann und Trinks, Mannheim, erstellte hierfür die statische Berechnung und gab zu bedenken, daß die Jesuitenkirche im Rheingraben stehe und somit Erdstöße nicht ausgeschlossen werden könnten.

Am 26. August 1992 war es dann soweit; der Meister der Fa. Schnitzer, Herr Frühholz, begann mit seinen Mitarbeitern mit dem Aufbau des Architravs und der Voluten mit Baldachin in der Jesuitenkirche. Hierzu wurde vorher durch die Fa. Restle, Mannheim ein Schwerlastgerüst mit Flaschenzügen aufgestellt, ähnlich wie zuvor bei der Montage der Marmorsäulen. Es

war spannend mitzuerleben, mit welcher Präzision zunächst das Gebälk, darauf dann der Architrav und zuletzt die Voluten mit Baldachin montiert wurden. Die Fa. Hatzelmann, Nachf. Alfred Bienapfl, machte im Februar 1993 Befunduntersuchungen im hinteren, nicht zerstörten Teil der Kirche, um die zu fassenden Teile der Hochaltarkonstruktion in gleicher Art und Weise zu behandeln. Im April 1993 begannen die Restauratoren der Firma mit den Faß- und Vergoldearbeiten. Hier wurden Arbeitsschritte, wie „Schleifen, Tränken, Polymentieren, Anschießen, Abschnapseln, Polieren", um nur einige zu nennen, mit Engelsgeduld und höchster Perfektion ausgeführt. Im Mai 1993 baute die Fa. Eisinger, Mannheim, die gemauerte und betonierte Unterkonstruktion für die Mensa und das Figurenpostament. Daraufhin konnte die Firma Engelbert Müller im Juni 1993 mit dem Verlegen der Stufenanlage beginnen. Ende September 1993 waren die Natursteinarbeiten am Hochaltar bis auf Kleinigkeiten abgeschlossen. Anfang Dezember 1993 montierte die Fa. Schnitzer die Gloriole (Strahlenkranz), die im Auftrag der Fa. Schnitzer von dem Bildhauer Friedrich Mayet aus Oberammergau geschnitzt wurde.

In der Zwischenzeit hatte Dr. Hatto Zeidler aus Heidelberg begonnen, die Nachbildungen der beiden girlandentragenden Engel in seinem Atelier in Tairnbach zu fertigen. Diese konnten im März 1994 an ihrem endgültigen Standort auf dem Architrav über den Säulen 1 und 6 aufgestellt werden.

Im Kurpfälzischen Museum, Heidelberg, befindet sich ein Originalentwurf von Peter Anton von Verschaffelt für das Tabernakelhaus der Jesuitenkirche Mannheim. Diese Zeichnung und die photogrammetrisch erfaßten Punkte müssen zu dem Schluß führen, daß dieser Entwurf nicht zur Ausführung kam. Peter

Anton von Verschaffelt ist aber auch bei dem Tabernakelhaus nach den Lehren von Vignola vorgegangen, ähnlich wie bei der großen Säulenädikula, allerdings hat er die ionische Säulenordnung gewählt. So verlaufen die Onyx-Säulen vom oberen Durchmesser von 12,22 cm zum unteren Durchmesser von 14,66 cm ohne Verdickung (Enthasis) durchgehend. Der Grundriß wurde auf der Korbbogenkonstruktion aufgebaut und mit den gemessenen Punkten in Übereinstimmung gebracht. Dies setzte Dominik Schnitzer in eine genaue Ausführungsplanung um, so daß die Fa. Schnitzer ein Gipsmodell des Tabernakelhauses fertigen konnte. Ein Modell wurde notwendig, um das Tabernakelhaus als Mittelpunkt des Altars farblich auf die Säulenädikula, ja auf den gesamten Chorraum abzustimmen. Es zeigte sich bei der Probeaufstellung dieses Modells des Tabernakelhauses, daß die Farbfassung, die in der

Werkstätte der Fa. Schnitzer aufgebracht wurde, viel zu stumpf und verschwimmend war. Die Fa. Bienapfl brachte daraufhin in der Kirche – also in der endgültigen räumlichen Umgebung – ein neues Farbmuster an, das diesen Mittelpunkt des gesamten Hochaltars in das „richtige Licht setzte". Im Oktober 1994 kam das Gipsmodell zurück in die Werkstätte nach Augsburg, um dort für die Originalrekonstruktion in Stuckmarmor mit Alabastersteinen „Modell zu stehen".

Die figürliche Ausstattung dieser Hochaltarrekonstruktion war wohl das schwierigste Unterfangen; es war allen Beteiligten klar, daß man Verschaffelt-Figuren nicht rekonstruieren kann, zumal auch von diesen Figuren nur noch zweidimensionale Amateurfotos existierten. Im Vorfeld hatte man sich deshalb auf den Begriff „schöpferische Kopie" geeinigt. Die neuen Figuren sollten sich dem Werk Verschaffelts annähern, aber sie sollten dennoch in sich eigenständig sein.

Bauherr, Erzbischöfliches Bauamt Heidelberg und Erzbischöfliches Ordinariat Freiburg kamen überein, zur Vergabe der nachzuschaffenden Figuren in der Gloriole und auf den unteren Figurenpostamenten einem Künstlerwettbewerb zu veranstalten. Ziel des Wettbewerbs sollte es sein, einen Bildhauer ausfindig zu machen, der befähigt war, diese höchst anspruchsvollen Altarfiguren wiedererstehen zu lassen. Jeder Teilnehmer am Wettbewerb bekam die Aufgabe, die Figur Asia mit Kind im Maßstab 1 : 3 als Probefigur anzufertigen. Es wurden vier Figuren abgegeben, die eine Jury im Dezember 1994 begutachtete. Anzumerken ist, daß die Figuren nur mit einer Nummer bezeichnet waren, so daß keiner wußte, welcher Künstler welche Figur gemacht hatte. Die einstimmige Entscheidung fiel zugunsten des Bildhauers Friedrich Mayet aus Oberammergau aus. Die Jury behielt sich allerdings vor, die einzelnen Figuren je einzeln zu vergeben, d.h. der Bildhauer sollte mit den Folgefiguren erst betraut werden, wenn die aktuell angefertigte Figur zur Zufriedenheit ausgeführt worden war. Jetzt konnte als erstes die Figurengruppe in der Gloriole in Auftrag gegeben werden.

Originaler Kredenztisch

Für die Fa. Schnitzer galt es nun, die im Zweiten Weltkrieg zerstörten barocken Verzierungen in Stuckgips nachzuformen und danach über eine Negativform bei der Gießerei Kollinger in Fürstenfeldbruck in Bronze gießen zu lassen. Dies betraf besonders die Eckverzierungen am Antependium, die Einlegearbeiten an der Predella, die Flammvasen auf dem Tabernakelhaus und die Engelsköpfe unter dem Figurenpostament. Letztere wurden, im Auftrag der Fa. Schnitzer, von dem Bildhauer Josef Müller aus Tannheim nachgebildet. Sämtliche Bronzeteile, die den Zweiten Weltkrieg überstanden hatten, wenn auch nur fragmenthaft, wurden ergänzt und somit die Originalteile wieder an dem Altar angebaut. In den Trümmern des ehemaligen Hochaltars wurden noch Teile des Fruchtgehänges am Figurenpostament, das Lamm auf dem Tabernakelhaus ohne das Kreuz, die zwei Engelchen über der Tabernakelhaustür, die Drehtabernakeltür selbst, die Türverzierung des Tabernakels in der Predella sowie Teile der Mittelkartusche am Antependium gefunden.

Nun mußte eine Firma ausfindig gemacht werden, die die neuen und die ergänzten Bronzeteile vergolden konnte. Auf Empfehlung von Herrn Schnitzer besuchten wir (die „Trias") die Werkstätte für Sakrale Kunst der Fa. Ulrich Dochtermann in Augsburg. Ein Problem sollte es werden, die Mittelkartusche und die Engelsköpfe ihrer Größe wegen galvanisch zu vergolden. Die Wannen für das dazu notwendige Zyankali-Goldbad waren für diese Größe nicht ausgelegt. Ursprünglich waren diese Teile am Hochaltar feuervergoldet, doch ist dieses Verfahren in der Bundesrepublik heute verboten, da die dabei entstehenden Quecksilberdämpfe gesundheitsschädigend sind.

Die Arbeiten an der Gloriolen-Figurengruppe im Atelier von Friedrich Mayet machten Fortschritte, so daß die Montage dieser Figuren im November 1995 erfolgen konnte. Im Anschluß daran wurde der Strahlenkranz durch die Fa. Bienapfl vergoldet. Im März 1996 waren auch diese Arbeiten vollendet.

Am 26. März 1996 wurde der Mittelpunkt des Altars – das Tabernakelhaus – angeliefert und aufgestellt. Dieses ist in Art und Ausführung ein Schmuckstück in sich. Im Juli 1996 konnten die nachgeschaffenen bzw. ergänzten vergoldeten Bronzeteile montiert werden. Ab Februar 1996 begann Friedrich Mayet in seinem telier mit der Figuren-Hauptgruppe, bestehend aus :n Heiligen Ignatius von Loyola und Franz Xaver ıd dem Engel mit Buch. Diese Figuren, die das auptpostament auf dem Altar schmücken und darellen, wie der Ordensgründer Ignatius seinen Gefährn Franz Xaver in die Asienmission sendet, mußten ɔch von der Fa. Bienapfl gefaßt werden. Die Monta: erfolgte am 25. Februar 1997.

Zur Fertigstellung der Rekonstruktion müssen noch ie beiden Figuren Asia und Ecclesia auf die Postamen: der Säulenädikula, zwischen den Säulen 2 und 3 sowie und 5, gesetzt werden. Die Chorraumgestaltung wird rgänzt durch die Wiederherstellung der Hoflogen, die on der Schreinerinnung Mannheim unter der Leitung on Schreinermeister Klein im innungseigenen Ausbilungszentrum (BTZ) gebaut wurden. Die geschnitzten 'erzierungen sowie die Kurfürstenhüte wurden durch ie Elsässer Schnitzer Bayed und Freyd gefertigt. Die 'aß- und Vergoldearbeiten führte die Fa. Bienapfl aus. ɛs ist hier noch anzumerken, daß die originalen Kreenzen, nach steinmetzmäßiger Überarbeitung und Vergoldung, ihren ehemaligen Standort, rechts und links om Hochaltar, wieder eingenommen haben und somit len Chorraum bereichern.

*

Wenn ich eingangs sagte, daß ich mit großer Freude auf die vergangenen acht Jahre der Planungs- und Ausführungszeit zurücksehe, so liegt das daran, daß alle Beteiligten an dieser Rekonstruktion ihr Bestes gegeben haben. Wenn jemand sein Bestes gibt, bleibt selten der Erfolg aus, und somit hat es Spaß gemacht – angefangen beim Bauherrn bis zum kleinsten Hilfsarbeiter –, mit einem freundlichen Ton und Erfolgserlebnissen dieses Werk auszuführen.

Mein besonderer Dank gilt

- dem Bauherrn, Dekan Mgsr. Horst Schroff und dem Stiftungsrat sowie dem Pfarrgemeinderat der „Oberen Pfarrei“ für die guten Diskussionen und Entscheidungen
- dem Leiter des Erzbischöflichen Bauamtes Heidelberg, Oberbaudirektor Egmont Reis, für die guten Ratschläge, Diskussionen und Anregungen
- dem Kunsthistoriker, Prof. Dr. Jörg Gamer, für seine fachwissenschaftliche Begleitung bis zu seinem Tode
- dem ehemaligen Mesner und Zeitzeugen, Lothar Schiffmacher, für die Klärung offener Fragen aus der Zeit vor der Zerstörung des Altars
- dem Mesner Jan Michalek, für die zusätzlichen Belastungen in der Kirche während der Bauarbeiten
- der Fa. Engelbert Müller, Villmar, für Ausführung der Natursteinarbeiten
- der Fa. Jakob Schnitzer & Sohn, Augsburg, für die Ausführung der Stuck- und Stuckmarmorarbeiten
- der Fa. Hatzelmann, Nachf. Alfred Bienapfl, Friedberg, für die Ausführung der Faß- und Vergoldearbeiten
- der Fa. Ulrich Dochtermann, Augsburg, für die Ausführung der Restaurierungs- und Vergoldearbeiten der Bronze- und Metallteile
- dem Kunsthistoriker Dr. Hatto Zeidler, Heidelberg, für die Ausführung der Architravengel
- dem Bildhauer Friedrich Mayet, Oberammergau, für die Ausführung der Figurengruppe auf der Gloriole und der Hauptgruppe auf dem Altar.

Ergänzte Originalmittelkartusche am Antependium

DIE REKONSTRUKTION DER ARCHE NOAH WÄRE EBENSO SCHWIERIG GEWESEN

Zur Wiederherstellung der kurfürstlichen Hoflogen

Bernhard Ruch

Am Anfang waren zwei große Löcher in den Wänden rechts und links neben dem Altar in der Jesuitenkirche in Mannheim. Dazu ein Foto, mehr schlecht als recht, aus dem Jahre 1942. Die Idee, die beiden Öffnungen wieder originalgetreu zu schließen, entstand 1992 und stammt von Herbert S. Koch. Da Verbindungen zu der Schreinerinnung über den damaligen Obermeister Alfred Glocker und dessen Stellvertreter Helmut Katz vorhanden waren, war der Weg schon fast vorgegeben. Mannheimer Schreiner sollten die im Krieg 1939–1945 zerstörten Kurfürstenlogen wieder neu erstehen lassen.

Die Idee war geboren und mußte nun in die Tat umgesetzt werden. Notwendig waren eine Werkstatt und ein Meister, die dies konnten. Einfach einen Mitgliedsbetrieb der Schreinerinnung zu beauftragen, dies war nicht möglich. Solch ein Werk würde eine Werkstatt auf lange Zeit voll beanspruchen. An das Tagesgeschäft konnte bei einem solch komplizierten Auftrag nicht gedacht werden. Auch die schnell und nur überschläglich ermittelten Kosten bei der Ausführung durch einen Mitgliedsbetrieb schoben hier einen großen Riegel vor. Daraus ergab sich die Erkenntnis, daß ein starker und leistungsfähiger Partner für dieses Werk notwendig war. Alfred Glocker fand die Lösung. Ein kurzfristig anberaumtes Gespräch mit Präsident Herbert Gutfleisch und Gustav Busch, dem Hauptgeschäftsführer der Handwerkskammer Mannheim, zeigte einen gangbaren Weg für die Durchführung dieses Werkes. Räumlichkeiten für die Herstellung standen in der Schreinerwerkstatt des Bildungs- und Technologie-Zentrums der Handwerkskammer Mannheim zur Verfügung. Und den geeigneten Mann gab es dort auch. Schreinermeister Klein konnte für die Umsetzung der Idee gewonnen werden.

Die Hauptarbeit war nun für Meister Klein, anhand der noch vorhandenen Gegebenheiten eine Rekonstruktion der kurfürstlichen Hoflogen oder Oratorien, wie sie auch genannt werden, vorzunehmen. Dies war eine schwierige Aufgabe. Verbindliche Maße waren nur an den beiden Maueröffnungen vorhanden. Und auch deren Originalität war fraglich. Außerdem gab es noch eine Fotografie aus der Zeit nach der Zerstörung. So mußte Meister Klein mit Hilfe der Fotografien die wahrscheinlichen Maße ermitteln und für seinen nachempfundenen Entwurf festlegen. Ein wahrhaft heikles Unterfangen, das mit Engelsgeduld und unendlicher Einfühlung gelungen ist. Er verglich die Verhältnisse der einzelnen Bauteile, ob Lisenen, Profile, Rundungen oder Schnitzereien, miteinander und ordnete die entstehenden Proportionen den Flächen zu. Oft stellte er fest, daß Verschiebungen von wenigen Zentimetern, ja Maßkorrekturen im Millimeterbereich eine ganz neue Wirkung für die Gesamtfläche zur Folge hatten. Er bewunderte das ausgewogene Flächengefühl der Rokokomeister. Nach sage und schreibe 350 Arbeitsstunden war ein ausführungsfähiger Entwurf gezeichnet und gerissen. So konnte mit der Ausführung der Rekonstruktion der beiden Oratorien im Mai 1992 begonnen werden.

Zwischenzeitlich hatte Obermeister Glocker die ebenfalls problematische Frage des Materials geklärt. Zuerst war man der Meinung, der Korpus der Logen sei aus Eichenholz gefertigt. Doch diese Annahme wurde aufgrund vergleichender Arbeiten verworfen. Man einigte sich auf Erlenholz, eine Holzart, die heute noch in der Modellschreinerei verwendet wird. Für die Schnitzereien kam nur das altbewährte Lindenholz in Frage. Womit ein weiteres Problem entstand: Wer hat das Formengefühl und die Technik für Rokokoschnitzereien ? Wer kann heute noch Kartuschen, Muscheln, Rocaillen und Putti schnitzen?

Durch die freundschaftliche Verbindung der Innung Mannheim zur Innung Metz-Sarrebourg in Lothringen wurde der Kontakt zu den Schnitzermeistern Rudolphe Baillet und Jean Louis Freyd geschaffen. Deutsche und französische Holzhandwerker wollten zusammen ein Werk schaffen, auch ein Ergebnis des vereinten Europa.

Den Entwurf für die Neugestaltungsarbeit und Rekonstruktion konnte Meister Klein noch alleine

Blick zur kurfürstlichen Hofloge

Kunstgeschmiedetes Gittertor von dem Mannheimer Schlossermeister Philipp Reinhard Sieber (1754), vermutlich nach Entwürfen von Rabaliatti

bewerkstelligen. Als es nun aber an die Ausführung ging, brauchte er Hände und Helfer. Die Mitgliedsbetriebe stellten dazu ihre Mitarbeiter und Lehrlinge frei. Mit ihnen zusammen hat Meister Klein dann die Logen hergestellt.

Es wurde aufgerissen, zugeschnitten, verleimt, gehobelt, mit dem Beil vorgearbeitet, geputzt und Profile geschliffen. Zum Maimarkt 1994 konnte die erste der beiden Logen einem breiten Publikum vorgestellt werden. Die Maße waren enorm. Die Höhe wurde mit 5,81 m gemessen, die Breite beträgt 3,23 m. Verarbeitet wurden für beide Logen insgesamt 16 cbm Erlenholz und 8,50 cbm Lindenholz. Noch viele Hürden waren zu überwinden: die Farbgebung, der rechte Ton, das Glas, das Anpassen der Schnitzereien.

Am 21. November 1994 wurde mit der Montage der ersten Kurfürstenloge begonnen. Hierzu waren viele Hände notwendig. Die Organisation lag, nach dem Wechsel an der Innungsspitze von Alfred Glocker zu Helmut Katz, in dessen Händen. Auch dies ein gelungenes Meisterstück.

Mit der zweiten Loge konnte Meister Klein im Spätjahr 1994 beginnen. Nun lagen die Erfahrungen aus dem Bau der ersten Loge vor, und die Abwicklung war für alle Beteiligten etwas einfacher geworden. Mit dem Einbau der zweiten Loge im Juni 1996 wurde die Rekonstruktion der kurfürstlichen Hoflogen in der Jesuitenkirche zu Mannheim abgeschlossen. So wurden 52 Jahre nach ihrer Zerstörung zwei Denkmäler neuerschaffen – nicht nur zur Ehre des Gemeinwesens sondern, und dies sollte nicht vergessen werden, auch zur Ehre des größten aller Meister.

JESUITEN IN MANNHEIM

P. Karl Weich SJ

ie Rekonstruktion des Hochaltares der Mannheimer suitenkirche provoziert die Frage nach dem Wirken er Jesuiten in dieser Stadt zur Zeit der Kurfürsten nd in unseren Tagen.

Der Orden war und ist bis heute in zwei nahezu leichlangen Zeiträumen in Mannheim anwesend. Der rste dauerte von 1720 bis 1773; er begann mit der Jbersiedlung des kurpfälzischen Hofes von Heidelerg nach Mannheim und endete mit der Aufhebung es Ordens durch Papst Clemens XIV. im Jahre 1773. 1814 wurde die Gesellschaft Jesu von Papst Pius VII. viederhergestellt; langsam faßte sie auch in Deutschand wieder Fuß. Sie war ohne ihre Kollegien und suche vorsichtig und in engster Anlehnung an Rom ihren latz in der sich verändernden Welt. Seit 1870 durch die esuitengesetze Bismarcks aus dem Deutschen Reich ertrieben, kamen die Jesuiten erst 1947 nach dem Zweien Weltkrieg in der Person von P. Franz Meßbacher SJ wieder nach Mannheim zurück. So haben wir es in diesem Jahr des Wiederaufbaues des Hochaltares auch mit inem fünfzigjährigen Jubiläum zu tun.

Aber diese beiden Perioden trennen Welten – dazwischen liegt die Aufklärung, die Französische Revolution, das Ende der Reichskirche in der Säkularisation, der Rückzug der katholischen Kirche gegenüber den aufkommenden Strömungen der Zeit in der Pius-Kirche des 19. Jahrhunderts, bis sie sich im *Aggiornamento* mit Papst Johannes XXIII. neu besann. Über Europa war als gestaltende Idee die Volkssouveränität hinweggegangen, das Gottesgnadentum wurde verabschiedet, der Sozialismus nahm weithin die entwurzelte Arbeiterschaft gefangen, die Gesellschaft wurde der Geschichtlichkeit ihrer Werte und Lebensformen gewahr, der mittelalterliche *cosmos christianus* ging in der Idee des Nationalismus unter.

I

Der Blick „hinter“ den neuen Hochaltar führt zurück zu einer Begegnung mit der Gesellschaft Jesu im Mannheim des 18. Jahrhunderts. Dieser Altar war ja die Mitte eines baulichen Ensembles von Kirche, Kolleg und Gymnasium, das sich im rechten Winkel an das Schloß fügte. Ohne diesen Blick auf dessen belebte Geschichte bleibt der Altar „Kunstgegenstand“.

Die ganze Zeit der Anwesenheit der Jesuiten in der Residenzstadt war überschattet von Entwicklungen in der Kirche, den Staaten Europas und den Kolonien und Missionen in Übersee, die für die Jesuiten gefährlich wurden, und denen sie schließlich 1773 zum Opfer fielen. Ihre starke Stellung in der Kirche und an den katholischen Höfen Europas, ihr Monopol in der Erziehungsarbeit, der Streit um ihre Theologie mit den Jansenisten, ihre Missionsmethode, ihr ungetrübtes Selbstbewußtsein und schließlich ihre ungebrochene Loyalität zum römischen Papst in einer Zeit wachsender nationalkirchlicher und episkopaler Tendenzen hatte sie zum Ziel der Angriffe der Kirchengegner aus dem Lager der Aufklärung, innerkirchlicher Gegner und auch zum Feind des politisch gewordenen Jansenismus gemacht.

Diese Strömungen hatten ihr Echo auch in Mannheim. Sie werden sichtbar in der Kritik an den Hofbeichtvätern, im Streit mit dem Generalvikariat in Worms um die päpstlichen Privilegien und Exemptionen des Ordens in Oggersheim, in der Ausgrenzung des Hofastronomen Christian Mayer SJ von der Pfälzischen Akademie der Wissenschaften, in der Kritik am jesuitischen Schulkonzept und schließlich auch in der Auseinandersetzung mit der Aufklärung in der Person der Patres François Desbillons und Hermann Goldhagen.

Der Umzug nach Mannheim

„Diese Verlegung des Hofes bot auch der Gesellschaft (Jesu) die Gelegenheit, in Mannheim wenigstens Fuß zu fassen und künftig einmal – wie wir im Vertrauen auf die vorhersehende Güte Gottes und die uns so zugeneigte Güte des erlauchten Kurfürsten glauben – eine feste Niederlassung zu errichten.“ (Hist. dom. 1720)

Die beiden Fürstenhäuser Pfalz-Neuburg und Pfalz-Sulzbach waren in der Reformation lutherisch und

Aussendung von Franz Xaver durch Ignatius von Loyola

calvinisch geworden. Der Neuburger Pfalzgraf Wolfgang Wilhelm konvertierte 1613 zur katholischen Kirche, der Sulzbacher Christian August ebenfalls im Jahre 1656. Als nun der Bruder der Liselotte von der Pfalz ohne männlichen Erben starb, ging die Regierung in der Pfalz von den calvinischen Verwandten auf die katholische Linie Pfalz-Neuburg über. Es war die komplizierte Situation eingetreten, daß nun ein katholischer Herrscher in einem vorwiegend calvinischen Land regierte.

In der Folge der Neuburger Kurfüsten war 1716 Karl Philipp Kurfürst geworden, nachdem sein Bruder Johann Wilhelm kinderlos gestorben war. Er zog von Innsbruck, wo er kaiserlicher Gouverneur gewesen war, über Neuburg und Schwetzingen nach Heidelberg. Dabei brachte er auch die an seinem Hof lebenden Jesuiten mit. Diese gehörten in Pfalz-Neuburg sozusagen zur Familienausstattung und waren sowohl an der Erziehung der Prinzen und Prinzessinnen beteiligt als auch in einer großen Zahl von privaten Missionen für den Fürsten tätig; das gewachsene Vertrauen und ihr Netz von Beziehungen des nahezu überall existierenden Ordens spielte sie ihnen zu. Die Jesuiten waren theoretisch gegen solche Missionen, praktisch ergriffen sie diese Bälle oft recht gern „ad maiorem Dei gloriam", ohne die Theorie anzutasten. Es gab allerdings auch nicht wenige, die ihre Oberen baten, sie von der Seelsorge bei Hof wegzunehmen – wobei aber nicht selten gerade diese den Oberen in einer besonderen Weise geeignet erschienen, weil sie den Gefährdungen des Hoflebens nicht so leicht erliegen würden!

Die Heidelberger empfingen die Jesuiten in der Nähe des Kurfürsten mit Mißtrauen. In der Hausgeschichte der Heidelberger Jesuiten steht, sie hätten Karl Philipp zu verstehen gegeben, er solle eher andere Geistliche mitbringen, wenn er gute Untertanen haben wolle! Bekanntlich dauerte der Aufenthalt des Kurfürsten in Heidelberg nur kurze zwei Jahre. Der Streit um die Heilig-Geist-Kirche war zum Zankapfel geworden und steckte die Großmächte Europas an. Karl Philipp hatte diese alte und ehrwürdige Kirche als Hofkirche und Grablege gewollt und den Calvinern dafür eine andere angeboten. Sie gingen darauf nicht ein. Als er mit Gewalt die Mauern zwischen dem katholischen und dem evangelischen Teil niederreißen ließ, setzte er sich ins Unrecht, und er mußte zurückziehen.

Der andere Zankapfel war die 80. Frage des altehrwürdigen Dokuments der Reformation, des Heidelberger Katechismus. Dort wird die katholische Messe eine „vermaledeite Abgötterei" genannt. Dieses Druckwerk kam natürlich unter dem Schutz und im Namen des Landesherrn heraus – letztlich eine Unmöglichkeit für einen katholischen Herrscher. Der Streit wurde zwar beigelegt – aber die Fronten waren verhärtet, und es gab keinen Frieden zwischen den Heidelberger Bürgern und dem Kurfürsten mehr – Karl Philipp kehrte Heidelberg den Rücken und ging nach Mannheim, sich ein neues Schloß zu bauen.

Diese Übersiedlung wird gern den Machenschaften der Jesuiten in die Schuhe geschoben. Es ist anzunehmen, daß der Kurfürst mit seinem „Beichtvater und geheimen geistlichen Rath", P. Staudacher SJ, darüber gesprochen hat. Im Zusammenhang mit der 80. Frage liegt in München ein kleines, in deutscher Schrift geschriebenes Gutachten, wohl aus der Umgebung Karl Philipps; darin wird gesagt, wenn man die Frage so stehen lasse, dann werde der Kurfürst selbst zu einem „vermaledeiten Abgötterer" gemacht. Dieses Memorandum könnte noch am ehesten vom Beichtvater stammen – aber wir haben von schriftlichen Dokumenten des P. Staudacher nur solche in lateinischer Schrift. Einen dokumentierten Hinweis auf die Urheberschaft der Jesuiten für die Übersiedlung des Hofes nach Mannheim gibt es nicht. Der verletzte Stolz und auch der Drang zur repräsentativen Selbstdarstellung des Fürsten jenseits der Heidelberger Enge erscheint als ein hinreichender Grund, den Hof auch ohne Zutun eines Beichtvaters in die Rheinebene nach Mannheim zu verlegen.

Neben dem genannten P. Staudacher als Beichtvater Karl Philipps und seiner Tochter kamen aus Heidelberg noch P. Joseph Lofferer SJ, Beichtvater des Pfalzgrafen bei Rhein und Erbprinzen von Pfalz-Sulzbach, Karl Joseph, und der Hofprediger P. Franz Piffel SJ. Drei andere Patres waren aus der Oberrheinischen Provinz und begannen, das Gymnasium aufzubauen. Vom Stadtrat erhielten sie ein Haus in der „Weinheimer Gaß'", schräg gegenüber der Konkordienkirche der Reformierten und neben der Interimsresidenz des Kurfürsten im Palais Hillesheim (R 1).

Missionare in einem calvinischen Land

„Mannheim hat ein anderes Gesicht, seit es durch den Schweiß und die Mühen der Unsrigen ist anders geworden, seit es durch den Schweiß und die Mühen der Unseren geformt wird." (Hist. dom. 1725)

Die Jesuiten kamen in ein calvinisch geprägtes Land, als sie in der Kurpfalz eintrafen. Die Katholischen waren knapp ein Drittel der Bevölkerung stark. Als Folge des Westfälischen Friedens hatte die katholische Religion in der Kurpfalz keinen öffentlichen Rechtsstatus. So ist es nicht verwunderlich, daß die Jesuiten mit „Missionarii Palatini" in Briefen an den Kurfürsten unterzeichneten – „Pfälzer Missionare". In ihrem Verständnis war die Kurpfalz Missionsland, in der eine „natio prava" lebte, ein „verkehrtes Volk".

Die Idee einer gewachsenen und breit verankerten ökumenischen Gesinnung war der Zeit fremd. Eine Überwindung der Trennung der Konfessionen konnte damals nur als Rückkehr in den Schoß der alten Kirche verstanden werden. Zwar wurden Recht und

Gesetz eingefordert und eingehalten, aber für die Jesuiten waren die Calviner Ketzer und Abtrünnige, während Jesuiten und Katholiken bei den Calvinern als Papisten und Abgötterer verschrien waren. Andererseits war das neue Regiment für die bisher unterdrückten Katholischen eine Befreiung und ein Aufstieg in die Ebene der öffentlichen Anerkennung; der Hof mit seiner Führungselite war ja auch katholisch. (Nebenbei kann man anmerken, daß die Lage der Lutheraner auch nicht beneidenswert war!)

Die Jesuiten lebten in der fortwährenden Sorge, das Ausbleiben männlicher Nachkommen werde einen Wechsel auf eine nichtkatholische Linie in der Kurpfalz zur Folge haben. Sie jubelten, als der Kurprinz Karl Theodor achtzehn Jahre wurde, weil so die schon längst erwogenen Pläne einer protestantischen Vormundschaft durch die erreichte Volljährigkeit nichtig geworden waren.

Die Zeit der Glaubenskriege war zwar vorbei, die gegensätzlichen Positionen bestanden – aber in diesen amtlich abgegrenzten Räumen blieb genügend lichte Weite für Toleranz. Da scheinen allerdings auch unterschiedliche Charaktere bei den Jesuiten gewirkt zu haben.

Über P. Staudacher kennen wir das protestantische Lob, er sei ein toleranter Mensch gewesen, frei von konfessioneller Engstirnigkeit. Die Predigt von P. Bodler SJ zur Einweihung der Konkordienkirche in der Festung Friedrichsburg 1685 ist ausgesprochen irenisch und betont die einigenden Glaubenswahrheiten. P. Usleber SJ in Heidelberg wird vom General in Rom zum Unterlassen von Polemik angehalten, weil das nichts fruchte. Bei der Konversion von Christian von Zweibrücken schreibt P. Seedorff SJ, wie sehr ihm der umfassende christliche Glaube am Herzen liege.

Von etwas anderer Statur war sicherlich P. Vogel SJ, der Begründer der Wallfahrt nach Oggersheim. Bis in die Formulierungen hinein betont er die „Andersgläubigen", sein Eifer treibt ihn gerade zu den Armen und Kranken der Stadt, um die sich oft die calvinischen Pastoren nicht genügend kümmerten. Er ist es auch, der vor die Tür eines sterbenden Konvertiten Soldaten stellt, damit dieser in Ruhe im Schoß der wahren Kirche sterben konnte. Er war allerdings auch der Gegner für nicht wenige Nichtkatholiken, besonders in der Ausbreitung der Marienwallfahrt in Oggersheim. Das mag auch den Ductus seiner Argumente gefärbt haben.

Auf der anderen Seite der konfessionellen Grenze steht die Klage der protestantischen Mutter des Konvertiten Friedrich Michael von Zweibrücken um Vergebung für alle, die diese unglückselige Heirat (d.i. mit Maria Franziska, der katholischen Enkelin Karl Philipps) ins Werk gesetzt haben; sie könne nicht begreifen, „ein Kind im Götzendienst zu haben", sie, die Päpstin der Lutheraner! Oder denken wir an die Gründung des „Adeligen Fräulein Stifts" der früh verwitweten Gemahlin des Freiherrn von Mentzingen, eine geborene von Bettendorf. Von ihm hatten die Jesuiten das Ladenburger Gut gekauft. Während diese auf den Gütern auf der Petersau Wiedertäufer zu Pächtern hatten, bestand die Freifrau von Bettendorf in ihrer Stiftung darauf, daß von der Melkmagd bis zum Verwalter keiner arbeiten dürfe, der nicht der „seligmachenden lutherischen Religion" angehörte. Die Abgrenzungen existierten deutlich.

Jesuitenkirche Mannheim vom Schillerplatz

Eine Strategie des Ordens?

Es gibt zwar keine Strategiepapiere bei den Jesuiten, wie sie in Mannheim arbeiten wollten, aber gewisse grundsätzliche Festlegungen von den Konstitutionen des Ordens her bestanden. Doch selbst dort werden solche wieder relativiert, indem immer wieder angefügt wird, „außer die Umstände erfordern etwas anderes". Wohl aber taucht nicht ohne Stolz – was vielleicht sogar ein Hindernis für künftige Entwicklungen war – das Wort vom „noster modus procedendi" auf, „unsere Art, die Dinge anzupacken". So gab es sicherlich keine Vorgaben für die kulturelle Anpassung in der Chinamission oder in den Reduktionen Lateinamerikas. Die Entfaltung der Tätigkeit in den Missionen war weithin von einem treibenden Missionsprinzip, „den Seelen helfen", und von der individuellen Kreativität des Einzelnen geprägt. Andererseits gab es eben Erfahrungen, die festgehalten oder tradiert wurden. In dieser Tradition begannen sie ihre Arbeit in Mannheim.

Eine herausgehobene Rolle in Mannheim spielten die *Hofbeichtväter* und *Hofprediger*. Schon in seinen Innsbrucker Jahren hatte Karl Philipp P. Nikolaus Staudacher SJ zu seinem Beichtvater erwählt. Dieser war vorher in der gleichen Funktion seit 1701 der geistliche Begleiter der Kurfürstinwitwe Elisabeth Amalie Magdalena in Neuburg gewesen. Seine Destination nach Hall in Tirol wurde geändert, und General Tamburini schickte ihn zum künftigen Kurfürsten nach Innsbruck. Wir haben zwar keine schriftlichen Unterlagen dafür, aber weit von der Wirklichkeit dürfte man mit der Vermutung nicht sein, wenn man darin eine strategische Bestimmung mit Blick auf eine sich abzeichnende Nachfolge in der Kurwürde sieht.

Der Niederbayer Staudacher kam aus Pfarrkirchen. Der kleine, aber kluge Mann wurde der Begründer der Mannheimer Entwicklung bei den Jesuiten, als er mit Karl Philipp nach Heidelberg und dann nach Mannheim kam. Ohne Zweifel hat er den Kurfürsten mit Blick auf die Position der Katholischen im calvinischen Land beraten. Zwar sagen Gesandtschaftsberichte bei seinem Tod, Karl Philipp sei davon weniger berührt erschienen, als man es erwarten konnte, aber er hatte das Vertrauen des Kurfürsten. Es zeigt sich auch darin, daß er eine offensichtlich als äußerst delikat und schwierig beschriebene Mission am Kaiserhof in Wien bravourös erledigte. Dafür gab ihm Karl Philipp die hohe Summe von 70 000 Gulden. Er nahm sie mit der Bedingung an, daß damit ein Kolleg in Mannheim finanziert würde.

Ihm wird auch nachgesagt, daß er mit der Gräfin Violantha von Thurn und Taxis, der dritten angetrauten Ehefrau des Kurfürsten, großen Einfluß am Mannheimer Hof hatte. Es gehörte zum Schicksal von Hofbeichtvätern, daß ihnen mehr an Einfluß unterschoben wurde, als sie tatsächlich ausüben konnten. Der Einfluß war natürlich da, und der Beichtvater hatte immer Zutritt zum Souverän. Aber die Jesuiten zeichnen Staudacher als einen sehr diskreten Mann, dessen Einflußnahme sie mit „insinuare" umschreiben. Er brachte also Ideen oder Pläne behutsam an den Fürsten heran.

Der Verfasser einer satirischen Schrift über das Mannheim unter Karl Philipp stellt denn auch den Kurfürsten als einen Mann dar, den die Jesuiten nur so nach ihrer Pfeife tanzen ließen. Sie hätten ihm nach temperamentvoll gelebtem Leben die Höllenfurcht eingepflanzt, um so ihre Schäfchen ins Trockene zu bringen. Er nennt 1738 Mannheim spöttisch das „Neue Jerusalem"!

Dabei wird ganz kräftig übersehen, daß Karl Philipp schon seinem Naturell nach und erst recht im Verständnis seiner Position als katholischer Landesherr auf eigenen Füßen stand und sich von Gottes Gnad wußte, nicht der von Jesuiten! Die Polemik von dama konnte nicht sehen, daß ein Mann, der in Ungarn a dem Schlachtfeld gestanden war und der den Tod vo drei Frauen erlebt hatte, in seinem hohen Alter auc intensiver über Glaube und Heil nachdachte. D Melancholie des fortgeschrittenen Lebens und d Grenzen des Alters waren ihm erfahrbar bewußt. E hatte von früher Jugend an ein freundschaftliches Ve hältnis zu den Jesuiten gehabt, so daß er zum Leben ende anordnete, nach der Totenliturgie des Ordens se nen Abschied aus dieser Welt zu nehmen. „Ich bi allzeit ein guter Jesuiter gewesen", sagte er auf de Sterbebett und die Jesuiten nennen ihn im Tod „colle ga", einen Freund.

Im Nachruf auf Staudacher führt P. Huth SJ an, wi sehr dieser sich bewußt war, daß man ihn vom Ho verdrängen wollte, und man ihm alles in die Schuh schob, was bei Hof und in der Verwaltung schief lie Er habe aber tapfer alle Verleumdungen und Unter stellungen ungerührt ertragen und darin eine Prüfun für sein geistliches Format gesehen.

Von anderer Statur war P. Franz Seedorff SJ, de nicht nur Staudachers Nachfolger als Beichtvater bi zum Tod des Kurfürsten 1742 war, sondern auc Erzieher des Kurprinzen Karl Theodor.

Zuerst in Brüssel und dann in Mannheim wurd unter seiner Leitung der Kurprinz erzogen. Es besteh kein Zweifel, daß sein Einfluß auf Karl Theodor gro gewesen sein muß, wenn man bedenkt, daß er seit dem achten Lebensjahr um ihn war. Seedorff war eher de Typ eines politisch agierenden Beichtvaters, denn e war praktisch in die Rolle eines führenden Minister gerückt – „die Mannheimer Maschinerie" sei in seinen Händen gewesen. Kein Wunder also, daß es zu einem massiven Konflikt kam, als die Wiener Hofbeichtväter 1745 bei General Retz in Rom wegen der Rolle Seedorffs in Mannheim intervenierten. Diesem war unterstellt worden, daß er im Österreichischen Erbfolgekrieg die Kurpfalz auf einen Frankreich freundlichen Weg brachte. Mit Nachdruck bittet der Ordensgeneral Seedorff, auch jeglichen Anschein einer politischen Parteinahme zu vermeiden – immer wieder und aus unterschiedlichen Quellen kämen solche Klagen nach Rom. Retz hätte ihn am liebsten versetzt, aber er sah sich dazu nicht in der Lage – man würde obendrein auch den gegenteiligen Versicherungen des Hofbeichtvaters in Mannheim nicht glauben, da dieser zu allem Überfluß auch noch einen Bruder als Marschall im französischen Heer habe.

Als Seedorff erkrankte, so berichtet die Hausgeschichte der Mannheimer Jesuiten, habe er alle sich bei ihm befindlichen Hofakten einem hohen Beamten übergeben. Seedorff starb 1758 – danach hatte der Kurfürst keinen Jesuiten mehr als Beichtvater und Berater. Auch von ihm berichtet der Nachruf, wie sehr er Intrigen und Ver-

Eingangsfassade der Jesuitenkirche

eumdungen ausgesetzt gewesen war. Seine Lebensleistung wird hoch eingestuft. Er führte ja auch die beiden Pfalz-Zweibrücker Brüder, Herzog Christian und Pfalzgraf Friedrich Michael zur katholischen Kirche zurück.

Neben diesen beiden herausragenden Hofbeichtvätern war noch ein dritter in Mannheim, P. Franckfurter SJ. Er war zuerst Beichtvater bei den drei Prinzessinnen Elisabeth Auguste, sie heiratete Karl Theodor und wurde Kurfürstin, Maria Fanziska Dorothea, die spätere Gemahlin des Zweibrücker Pfalzgrafen Friedrich Michaels und Maria Anna Josepha, später mit Herzog Clemens Franz von Bayern vermählt. Wie Staudacher und Seedorff lebte auch er lange in Mannheim. Es lag in der Natur dieser Funktionen, daß sie nicht den bei anderen häufigeren Versetzungen unterlagen – gewachsenes Vertrauen läßt sich nicht ohne weiteres an Nachfolger vererben. Wie auch die Hofprediger, z.B. P. Straus SJ oder P.Schloßberg SJ, standen sie in der Öffentlichkeit bei Hof. Sie kannten Wirklichkeit und Klatsch in diesem Milieu und trugen sicher oft auch schwer an den Schicksalen ihrer „Beichtkinder".

Nur mit Zögern hatten die Jesuiten schon am Anfang des Ordens den Bitten um Beichtväter bei Hof nachgegeben. Man fürchtete um die Ordensdisziplin. Ignatius jedoch meinte, wenn die Mitbrüder das nicht aushalten könnten, dann sollten sie gleich die Arbeit in der Welt aufgeben – er vertraute auf die Durchsetzungskraft der Spiritualität. Aber die Nähe zur fürstlichen Macht schuf auch Mißtrauen und Neid; die bisweilen weitreichende gesellschaftliche und politische Einflußnahme Einzelner weckte berechtigte Kritik und schuf Feinde – auch in Mannheim.

Ganz eindeutig gehörte der Unterricht im *Gymnasium* zu den Instrumenten der Mission. In Mannheim begannen die ersten Jesuiten sofort mit dem Aufbau des Gymnasiums, indem sie aufsteigend von den ersten Klassen an die Schule ausbauten. Sie war vor allem für die Söhne der katholischen Führungselite bei Hof und in der Verwaltung gedacht – denn darauf schauten die katholischen Kurfürsten unter dem Einfluß der Jesuiten, daß diese ihrer Religion waren. Da die Jesuiten unentgeltlich unterrichteten, war auch Söhnen aus weniger begüterten Familien der Zugang zu den höheren Studien möglich.

Die Jesuiten bauten umfassend die Seelsorge in Mannheim aus. Es war selbstverständlich, daß auch die Lehrer von der ersten Stunde an in der Seelsorge tätig waren. Sofort wurden in der Pfarrkiche Beichtstühle aufgestellt. Weiter kümmerten sie sich um die Kranken und Armen in der Unterstadt. Einer von ihnen wurde der „Vater der Armen" genannt. Sie verteilten Geld an sie, das oft aus der Schatulle des Kurfürsten kam, unterstützten Konversionen auch durch materielle Zuwendungen – dieser Art von „Begrüßungsgeld" waren sie nicht abgeneigt! Buchstäblich krochen sie in die Ställe und Kerkerlöcher, um die Kranken zu versorgen, bei Hochwasser fuhren sie zu ihnen mit Kähnen. Den Verurteilten standen sie bei bis zum Galgen, nicht wenigen erbaten sie Begnadigung zu einem ehrenhafteren Tod durch das Schwert. Diese weitgefächerte Seelsorgearbeit wurde auch von ihren Gegnern vermerkt – es gebe nichts, in das sie nicht ihre Nase steckten; sie seien die Beichtväter „aller Frauen, von der ersten bei Hof bis zu der des Henkers". So sagt es der Kritiker Merveilleux. Unter die Seelsorge rechneten sie auch ihr erfolgreiches Bemühen, die Faschingsveranstaltungen in der Öffentlichkeit abzuschaffen. Es verwundert nicht, daß die Nichtkatholischen damit die eher behäbige Selbstsicherheit der eigenen Pastoren verglichen, die meist nicht gut wegkamen. Diesen Eindruck kann man aus den Berichten der Hausgeschichte der Jesuiten zwischen den Zeilen gewinnen.

Ein weiteres Element ihres „modus procedendi" war die Einrichtung der sog. Marianischen *Sodalitäten* oder Kongregationen. Sie gab es an der Schule, aber auch für Handwerker und Bürger. Ihr Ziel war die christliche Heiligung des eigenen Lebens, ein Entschluß, den die Sodalisten jährlich in der Weiheformel an Maria erneuerten. Die Sodalisten wurden zur selbsttätigen Ausformung ihrer sittlichen Persönlichkeit und einer katholischen Identität unter der Anleitung eines Pater Präses geführt. Sie wählten ihren Präfekten und ihren Konsult selbst. Auch der Kurfürst und der Kurprinz Karl Theodor waren Mitglieder der Kongregation und legten ihre Weiheformeln auf den Altar. In Mannheim besaßen sie sogar eine eigene Sodalitätskirche im heutigen A 3 an der Ecke zum A 2 Quadrat, gegenüber dem Palais Bretzenheim. Die Marienstatue, die ehedem an der Frontseite über dem Kirchenportal angebracht war, steht heute in der Mundenheimer Pfarrkirche. Eine Marienstatue befindet sich in Freinsheim – ganz zu schweigen von der prächtigen Silbernen Madonna, die heute in der Jesuitenkirche ihren Platz hat. Ein Prachtstück aber ist das meisterliche Werk von Paul Egell – eine gefaßte Statue des Jesuitenheiligen Franz Regis SJ, lange als Franz Xaver mißverstanden. Sie ist im Mannheimer Reiß-Museum zu sehen. Die Mannheimer Sodalität war nicht nur äußerlich, wie alle anderen auf der Welt auch, der römischen als der Prima Primaria angeschlossen. Darin drückt sich auch die Tatsache aus, daß im Umkreis der Jesuitenkollegien in Europa und Übersee eine missionarische Bewegung entstand, die von der Spiritualität des Ordens geprägt war und schon 1584 weltweit 30 000 Mitglieder zählte.

Nicht minder gehörte die *Heiligenverehrung* zum Konzept. Hier waren es v.a. die Väter des Ordens, Ignatius und Franz Xaver, aber auch Johannes Berchmans, Aloysius Gonzaga und Stanislaus Kostka. Sie waren die sog. „Jugendheiligen", die im Orden jung starben und der Jugend als Vorbild dienten. Stanislaus Kostka nahm dabei eine besondere Stellung ein, weil von ihm eine Schädelreliquie, als kostbarer Schatz im Haus Pfalz-Neuburg gehütet, in Mannheim aufbewahrt wurde. Sie ist heute im Noviziat der Jesuiten in Nürnberg. Eine großartig gearbeitete Büste von Stanislaus aus der Hand Paul Egells befindet sich im Historischen Museum der Pfalz in Speyer.

Mit der Verehrung der Heiligen war auch die Veranstaltung von großen *Prozessionen* verbunden. Die Jesuiten versuchten erfolgreich, mit Pomp und Aufwand die Mannheimer Öffentlichkeit zu besetzen. Da gab es die sog. Lilienprozession, wo mit Kerzen und Schmuck die Statuen der Heiligen durch das überwiegend calvinische Mannheim getragen wurden. Besonders wirksam war es, wenn z.B. ein hübsches, neu konvertiertes Mädchen öffentlich bei der Lilienprozession mitging!

Stolz berichten die Jesuiten, die Stadt sei anders geworden, seit sie durch ihren Schweiß die agile Mentalität der Mannheimer (excitata Mannheimensium indoles) angesprochen und bewegt haben.

Einen hohen Stellenwert im Seelsorgekonzept der Jesuiten nahm schon sehr früh die *Wallfahrt nach Oggersheim* ein. Der Pfalzgraf Karl von Sulzbach hatte dort eine Nachbildung des Hauses von Loreto als Wallfahrtskapelle gebaut. Er wollte in den Pfälzer Landen die Marienverehrung stärken. Anfangs versah ein Eremit die Seelsorge; als aber der Pfalzgraf starb, übergab der Kurfürst Karl Philipp die Besorgung dieser Wallfahrt den Jesuiten. Diese pastorale Arbeit sollte das Lebenswerk von P. Matthäus Vogel SJ werden, der schon in Mannheim als eifriger Seelsorger tätig war.

An den Wochenenden gingen er und andere Patres von Mannheim dorthin, um in Beichte und Eucharistie das fromme Leben der katholischen Pfälzer zu fördern. Er unterstützte in jeglicher Weise durch Andachtshefte und Bilder das Aufblühen dieser Wallfahrt und baute sie auch gegen den Widerstand sogar katholischer Gegner dieser Frömmigkeitsübung aus. Er kaufte nach und nach mehrere „Plätze" auf, um ein genügend großes Areal für die Entfaltung von Liturgie und Andacht zu erhalten. Daneben dachte er aber auch, auf diese Weise der Andacht nicht förderliche Gasthäuser dem Heiligtum fernzuhalten. Die Wallfahrt wurde wirtschaftlich durch Spenden und den Kauf von Gülten abgesichert, bis dahin, daß er auch eine erzlutherische Dame über einen calvinischen Strohmann ohne deren Wissen durch den Verkauf einer solchen Gült zur Sponsorin der Wallfahrt machte! Seeleneifrig auch schriftstellerisch tätig, mehrte er das Gewicht dieses Ortes, der aus der Umgebung bis auch in weitere Entfernung die Pilger anzog. „Die Sache redet und zeigt sich selbst!" schrieb er.

Der Kurfürst selbst mit den drei Prinzessinnen und dem kurfürstlichen Hof waren oft in Oggersheim. In Prozessionen bis zu 4000 Personen zogen die Mannheimer über den Rhein, wofür der Brückenzoll aufgehoben wurde. Die Gesundung des Kurfürsten Karl Philipp und auch Karl Theodors in schweren Krankheiten war das Werk der wundertätigen Marienstatue; selbst zu einer Zeit, als Karl Theodor in Voltaire einen nicht gerade wallfahrtswütigen Philosophen als Gesprächspartner hatte, stiftete er zur bisherigen frommen Praxis noch eine Fundation für eine Wallfahrt – wohl in frommer Hoffnung auf die gesunde Geburt eines männlichen Nachkommen im Jahre 1761.

Die seelsorgerliche Praxis der Jesuiten zeigte so das Bestreben, in allen Bereichen der gesellschaftlichen Schichten anwesend zu sein, von der Schule bis zum Richtplatz. Sie feierten mit liturgischem Pomp mit Tausenden von Kerzen und Blumen bis zum Abfeuern der Festungsgeschütze bei Prozessionen. Sie lehrten in Katechesen und stellten die Mittel zum Ausdruck der individuellen Frömmigkeit zu Verfügung – von der Beichte bis zur Kommunion. So versuchten sie, die Mannheimer Öffentlichkeit dadurch einzunehmen, sehr zum Staunen der Unkatholischen. Es besteht aber auch kein Zweifel, das betonen sie immer wieder, daß die Zuneigung und vor allem das öffentliche Beispiel des Kurfürsten Karl Philipp ihre Missionsarbeit erleichterte. Sie waren davon so beeindruckt, daß sie seit dem Übergang der Regierung auf den jungen Karl Theodor ein Nachlassen des religiösen Eifers zu beobachten meinten.

Konflikte in der Seelsorgearbeit

In den genannten Feldern zeigt sich der die Öffentlichkeit ergreifende Ausbreitungswille der Jesuiten, aber untergründig waren dies auch die Räume, in denen ihre Tradition auf ein sich änderndes Bewußtsein stieß.

Stephan von Stengel urteilt in seinen „Denkwürdigkeiten" über den *Unterricht am Gymnasium* der Mannheimer Jesuiten eher negativ: er kritisiert das Auswendiglernen und geistlose Repetieren, vermißt einen guten Geschichtsunterricht und die Pflege der deutschen Sprache. An einige Lehrer hat er gute und nahezu freundschaftliche Erinnerungen. Um dies richtig einzuordnen, wird man berücksichtigen, daß das Verhältnis seines Vaters zu den Jesuiten sehr gespannt war, und für ihn „deren Haß" auf ihn selbst übergegangen war. Auch muß man einbeziehen, daß die Lehrer am Mannheimer Gymnasium nach 1736 weithin junge Jesuitenscholastiker waren, die „durch Lehren lernten". Sie standen unter der Anleitung eines erfahrenen Praefectus scholae und waren nach dem Noviziat und dem Philosophiestudium in einem einjährigen Studienseminar auf den Unterricht vorbereitet worden. Mannheim war unter dieser Rücksicht nicht das Paradepferd der Oberrheinischen Jesuitenprovinz. So kam es dann auch zu den oft zitierten häufigen Wechseln der Lehrer. Doch muß man hier schon genau hinsehen: es gab auch viele, die über fünf Klassenstufen mit ihren Schülern aufstiegen und nicht versetzt wurden. So kam zum jugendlichen Elan wachsende Erfahrung. Zudem förderte die langjährige Vertrautheit mit den Schülern durchaus jenen Anspruch der jesuitischen Studienordnung, der „Ratio Studiorum", es sollten die Lehrer ihre Schüler lieben und fördern. Der gefügte Lehrplan eben dieser „Ratio" stellte sicher, daß zwar Personen wechselten, aber der Lernstoff nicht beeinträchtigt wurde.

Kurfürst Carl Philipp

Mannheim war aber doch nicht ganz am Rand der Provinz in den Studien, weil interessanterweise für eine kurze Zeit auch der große Pädagoge und Verfasser von lateinischen Lehrbüchern, Hermann Goldhagen SJ, hier lehrte. Es sieht so aus, als sei er hier gewesen, um die Drucklegung seiner Lehrbücher zu besorgen, deren Verlegung von Würzburg nach Mannheim wechselte. Dieser Hermann Goldhagen war dann auch nach der Aufhebung des Ordens 1773 in der Kommission für die Reform der Gymnasialstudien führend tätig – das reformerische Potential im Orden war also auf der Seite erfahrener Pädagogen vorhanden. Dazu gehörte auch der junge Scholastiker Anton Klein, der spätere Professor der Schönen Künste in Mannheim und glühende Kämpfer für die Wertschätzung der deutschen Sprache, Geschichte und Literatur.

Reformen standen ohne Zweifel an; die Jesuiten befanden sich aber vor einem außerordentlichen Umbruch: ihre vom Latein als der Lingua franca Europas geprägte Geisteswelt der aufkommenden neuen Zeit und ihren Bedürfnissen anzupassen. Das betraf sowohl ihr Erziehungsprinzip als auch die Einstellung auf nationale Eigenwelten; von der Organisation her berührte es die Geschlossenheit und Einheitlichkeit eines Erziehungssystems des in aller Welt anwesenden Ordens.

Das *Erziehungsprinzip* des Ordens war das der Exerzitien des Ignatius. Lehre und Wissen waren für Ignatius und die Jesuiten nie Selbstzweck. Der Schüler war für ihn da, damit er in die fundamentale Grundhaltung des „Dienstes und der Anbetung" einer integrierten christlichen Persönlichkeit eingeführt würde. Alle anderen Dinge „auf dem Angesicht der Erde" seien dem unterzuordnen, und mit Blick auf das Ziel seien sie zu gebrauchen.

Der Orden hatte zudem das Ideal des europäischen Humanismus übernommen, den „Geist zur Fülle der Sprache anzuregen und zu formen". Die wohlgebildete Eloquenz war die höchste Ausformung menschlicher Kultur. Eben diesem Bildungskonzept hatten sich die ersten Jesuiten verschrieben – sie kamen ja aus dieser Tradition. Der Geist der Exerzitien war das kreative Element in dieser Pädagogik der humanistischen Tradition, indem deren Ansatz durch die geistliche Erfahrung des Ignatius überhöht wurde. Die Wissenschaften seien „so zu lehren, daß die Studierenden dadurch zur größeren Erkenntnis und Liebe unseres Schöpfers und Erlösers geführt werden". Fachliche Gelehrsamkeit im Rahmen der tradierten Wissensgebiete und weltmännische Bildung waren in die „größere Ehre Gottes" eingebettet.

Dieses Bildungskonzept geriet immer mehr in die Diskussion. Aufklärung, Naturwissenschaften, Geschichte und die deutsche Sprache forderten Berücksichtigung. Dahinter aber verbarg sich eine viel fundamentalere Veränderung der Sicht des Menschen; seine Autonomie wurde Thema.

In ihrer Tradition standen die Jesuiten der autonomen Tendenz der Aufklärung, wie sie sich militant kirchenfeindlich oder zumindest distanziert zeigte, reserviert oder abwehrend gegenüber. In Mannheim wird dieser Gegensatz am deutlichsten in den Schriften des französischen Exil-Jesuiten François Desbillons SJ sichtbar oder in dem Büchlein Hermann Goldhagens SJ „gegen die Gefahren der heutigen Freydenkerey". Sie hätten nicht schreiben können, was 200 Jahre später ein Jesuit in der Überschrift eines philosophischen Aufsatzes tat: „Gott wird in einer aufgeklärten Gesellschaft mehr verherrlicht"!

Weiter kam es in Oggersheim zu einem innerkirchlichen Konflikt. Der Fundationsbrief für die Stiftung einer finanziellen und kirchenrechtlichen Grundlage der Wallfahrt wurde der Anlaß für eine wütende Auseinandersetzung mit dem *Generalvikariat in Worms.*

P. Vogel hatte entgegen dem Urteil des Provinzkonsults der Jesuiten den Entwurf für einen Stiftungsbrief anfertigen lassen bzw. es geschah durch die kurpfälzische Administration. Darin wurden die Exemtionen der Jesuiten von bischöflicher Visitation durch eine päpstliche Bulle festgeschrieben. Genau dies aber strich die bischöfliche Behörde. Der Orden wurde gezwungen, trotz langen Widerstandes einen Revers der Unterwerfung unter die bischöfliche Jurisdiktion zu unterschreiben. Er tat es „in der Hoffnung auf bessere Zeiten" – die allerdings nie mehr kamen. Dieser Oggersheimer Streit ist vielmehr ein Echo eines kirchlichen Bewußtseins, das sowohl die nationalen und auch episkopalen Rechte gegenüber dem Papst vertrat. Das mußte gerade einen Papstorden mit einem zentralen Leitungskonzept treffen. Dies ist Teil jener innerkirchlichen Strömung, die sich, auch politisch gestützt, durchsetzte und schließlich gut 10 Jahre später zur Aufhebung des Ordens führte.

Ein weiteres Konfliktfeld wurde im Zusammenhang mit der Gründung der Pfälzischen Akademie der Wissenschaften sichtbar. In dem Kartographen und Astronomen *Christian Mayer SJ* hatten die Jesuiten eine naturwissenschaftliche Zelebrität europäischen Ranges. Die Präzision seiner Vermessungen und die Entdeckung vieler Doppelsterne gaben ihm einen hohen Ruf, der ihn auf Einladung der Zarin zu Beobachtungen bis Petersburg führte.

Als die Pfälzische Akademie der Wissenschaften im Jahre 1763 gegründet wurde, nahm das hohe Gremium Christian Mayer nicht auf. Es war eine „Lex Mayer" in die Gründungsurkunde geschrieben, wonach keine Ordensgeistlichen in die Theodoro-Palatina aufgenommen werden durften. (Es bleibt durchaus Verwunderung, wenn im selben Augenblick, da Karl Theodor seinen Hofastronomen von der Akademie fernhält, derselbe Kurfürst die Wallfahrt unter der Regie eines P. Vogel stiftet, den er eher beschränkt und traditionell der Wundergläubigkeit ergeben einordnet. Einen Mangel an existentieller Geschlossenheit seiner Persönlichkeit wird man beim Kurfürsten nicht übersehen können.)

Das war nicht nur eine persönliche Abneigung von

einflußreichen Männern bei Hof, sondern dahinter stand der Geist der kurz vorher begründeten Bayerischen Akademie der Wissenschaften. Hier zog ein leidenschaftlicher Jesuitengegner, der ehemalige Rechtsprofessor in Ingolstadt und spätere Bergbauassessor Johann Georg Lori, die Fäden. Sein Aufenthalt in Rom nach dem Ausscheiden aus dem Lehramt hatte ihn mit dem Kopf der Jesuitengegner an der Kurie, dem Kardinal Passionei, zusammengebracht.

Von München aus wurde er das erklärt subversive Zentrum für jene, die am Erziehungsmonopol der Jesuiten und an deren Distanz zu den Ideen der Aufklärung Anstoß nahmen. Dazu zählten auch einige Äbte der Bayerischen Prälatenklöster. Die „Solipsi", wie in jenen Kreisen die Jesuiten genannt wurden, sollten aus den einflußreichen Positionen an den Höfen verdrängt und als Urheber der allenthalben im Volk nach ihren Urteilen vorhandenen Bigotterie unschädlich gemacht werden. Sicherlich gaben manche Jesuiten Anstoß zu Kritik. Ihre Politik, neben sich keine Konkurrenten aufkommen zu lassen, schuf ihnen auch Gegner. Aber der Orden wurde auch Symbol für eine vergehende Welt – in der Kirche und draußen. Die Collini, von Stengel, Lamey und Schöpflin sind in Mannheim die Männer der Aufklärung.

Der tiefgehende Konflikt zwischen dem Menschenbild der jesuitischen Tradition und dem der aufkommenden Moderne zeigte sich in den Schriften des wohl profiliertesten unter den Mannheimer Jesuiten: dem aus Paris gekommenen *P. François Desbillons.* 1764 war er auf Vermittlung eines Mannheimer Freundes bei Hof nach der praktischen Vertreibung der Jesuiten aus Frankreich mit seiner Bibliothek hierher ins Exil gegangen. Er war Freund Frérons, eines der schärfsten literarischen Gegner Voltaires und Herausgeber des „Année Literaire".

Desbillons arbeitete an einer Geschichte der lateinischen Literatur und war bekannt als Verfasser von Fabeln, unter deren Mantel er seine Zeit kritisierte. Von Einfluß wurde er als Gesprächspartner Carl Theodors, der ihn öfter zu sich bat. Seine Ankunft fiel in eine Zeit, in der sich der Kontakt des Kurfürsten zum großen europäischen Philosophen Voltaire, in dessen Nähe er sich gesonnt hatte, in die Krise geraten war. In jüngerer Zeit sieht man in Desbillons weniger einen distanzierten Literaten, sondern einen Mann, der in den Gesprächen mit Carl Theodor das entstandene Vakuum füllte und Ursprung eines antiaufklärerischen Einflusses bei Hof wurde.

In seinem posthum erschienenen Lehrgedicht „Monita Philosophica" setzte er sich mit der von Voltaire propagierten Aufklärung auseinander. Seine Kritik daran richtete sich gegen eine heraufziehende Geistigkeit, die in der Autonomie der menschlichen Vernunft die Quelle der Erkenntnis sah – weniger im göttlichen Gesetz. Die Entdeckung kultureller Verschiedenheiten und der relativierenden Veränderungen von für unveränderlich gehaltener Wahrheiten und Autoritäten im Lauf der Geschichte waren ihm eine Blasphemie. Dieses Werk von „Windbeuteln und Stutzern in Damensalons" sah er als den Anfang eines sich abzeichnenden Zusammenbruchs der traditionellen Werte und Gesellschaftsstrukturen. Er erkannte sicherlich, daß die Hinwendung zu diesen Ideen die bestehende Ordnung zerstören würde. Dem französischen König ruft er zu, er solle handeln und die Urheber des über ganz Europa sich verbreitenden Giftes des Landes verjagen. Er war sich wohl auch bewußt, daß die sich anbahnende Veränderung der Sicht vom Menschen nicht mehr aufzuhalten war – er veröffentlichte dieses Werk nicht mehr; lateinisch geschrieben und nicht publiziert wurde es sozusagen stolz in die Vergangenheit versenkt. Im Todesjahr Desbillons wurden manche seiner Ahnungen in der Französischen Revolution von 1789 wahr. Dieser hochgebildete Aristokrat einer humanistisch-lateinisch geprägten Welt des christlichen Europa konnte jedoch nicht sehen, daß sich in diesen Umbrüchen das Bild eines neuen Menschen herausformte, der in Autonomie und Freiheit leben wollte. Daß dies auch einem gläubigen Christen möglich sein würde, das konnte er nicht erkennen.

Kurfürst Carl Theodor

Die genannten Konflikte waren keine regionalen oder nur an einzelne Personen gebundene Querelen, sondern auf lokaler Ebene das Echo umfassender Veränderungen in Kirche und Welt. Der Jesuitenorden konnte den Angriffen seiner Gegner nicht standhalten. In Verbindung mit der staatlichen Macht taten sie gezielt alles, um ihn zu diffamieren, Schwächen und Fehler Einzelner zu verallgemeinern und eine öffentliche Stimmung und massiven diplomatischen Druck zu erzeugen, denen schließlich der Papst nachgab und den Orden 1773 aufhob. Eine Reihe von Jesuiten wurde vom Kurfürsten weiter versorgt, aber der Orden war aus Mannheim verschwunden – ihr Name lebte in der Kirche weiter.

II.

Die zweite Periode der Anwesenheit der Jesuiten beginnt mit der Ankunft des P. Franz Meßbacher SJ. Er war von P. Provinzial „Fix" Müller im September 1947 nach Mannheim geschickt worden. Dieser Provinzial war mit Erzbischof Gröber befreundet, der ihn um einen Pater als Assistent für den hochverdienten und geehrten Prälaten Bauer gebeten hatte. P. Franz Meßbacher sah bei seiner Ankunft über die zerstörte Stadt hinweg zwar die Ruine der Jesuitenkirche, aber nach dem Weg zu Prälat Bauer mußte er fragen. Eine Dame, die er ansprach, wies ihm den Weg und meinte, sie seien Nachbarn. Diese Dame war Frau Auguste Zimmer, die später so bestimmend für die weitere Geschichte der Jesuiten in Mannheim wurde.

P. Meßbacher sollte auf Weisung von Freiburg „alles machen", aber die Gefühle des gebrechlichen Prälaten respektieren – dieser war ja noch in Amt und Würden. Die Pfarrei feierte wegen der Zerbombung der Jesuitenkirche die Eucharistie in der Hedwigsklinik. In München hatte P. Dold zu P. Meßbacher gesagt, wenn die Kirche je wieder aufgebaut werden sollte, dann müsse er in den Ruinen der Kirche die hl. Messe feiern. So geschah es, und dies war der mit ihm verbundene erste Schritt für eine neue Zukunft der Jesuitenkirche. Die Gemeinde packte an, viele Wohltäter halfen mit Geldspenden und Materialien. Die Kirche wurde notdürftig wieder eingedeckt und lebte. Als die Währungsreform 1948 kam, hatten sie 1 Million Reichsmark gesammelt, die dann abgewertet mit 100 000 DM als Grundstock zur Verfügung standen.

Da die Jesuiten an der Kirche arbeiten sollten, holte P. Meßbacher nacheinander noch andere Jesuiten nach Mannheim: P. Anton Kling und P. Huber wurden Kapläne, P. Hermann Feldbausch war für die Männerarbeit vorgesehen und P. Otto Buchheit für die Arbeiterseelsorge.

Bei einem Besuch nahm jedoch der damalige Weihbischof Burger die Resignation des Prälaten Bauer entgegen. P. Meßbacher arbeitete noch bis zur Ankunft des neuen Pfarrers als Pfarrverweser weiter. Da die vorhandenen Pläne nicht zur Durchführung kamen, waren plötzlich fünf Jesuiten frei. Die Mission in Mannheim war zu Ende. In dieser Situation sagte August Zimmer, ein Mann von persönlichem Gewicht, als Bürger geachtet und Mitglied im Stiftungsrat der Jesuitenkirche: „Ihr bleibt da." Er stellte den Jesuiten sein Wohnhaus in D 6,5 zur Verfügung und schenkte es ihnen 1951. P. Meßbacher wurde auf Anfrage von Bischof Wendel noch am Grab von Prälat Bauer Lehrerseelsorger in der Diözese Speyer, P. Kling arbeitete in der gleichen Sparte in Nordbaden und P. Feldbausch begründete die „Offene Tür" in Mannheim. P. Huber kehrte nach Bayern zurück. Es ist erstaunlich, welche Eigendynamik diese Veränderungen hervorbrachten. Der Entschluß zum Bleiben der Jesuiten war gefallen; die künftigen Tätigkeiten ergaben sich eigentlich aus zufälligen alten Verbindungen oder der Notwendigkeit für die Patres, ein neues Tätigkeitsfeld zu finden.

Die Oberdeutsche Provinz kaufte bald die Hälfte des ganzen Quadrates D 6 auf, um dort ein Zentrum für Soziale Studien zu begründen. Das sollte die Aufgabe von P. Felix zu Löwenstein werden. Ihn drängte es jedoch aus der Stadtmitte in die Oststadt. Dort wurde die sog. „Röchling-Villa" erworben und erhielt den Namen „Heinrich Pesch Haus". So hatten die Jesuiten nun zwei Niederlassungen in Mannheim: das Zimmersche Haus in D 6,5, das „Franz Xaver Haus" und das „Heinrich Pesch Haus" in der Werderstraße 52.

Im „Heinrich Pesch Haus" begann der Aufbau eines Sozialinstituts, das von den damals drei deutschen Jesuitenprovinzen getragen werden sollte, dann aber allein Werk der Oberdeutschen Provinz wurde. Im „Franz Xaver Haus" lebten jene Jesuiten, die in unserem Raum in der Lehrerseelsorge, der Arbeit in der KAB (Katholische Arbeitnehmerbewegung) und in der „Offenen Tür" tätig waren.

P. zu Löwenstein baute zuerst als Schritt zur gesellschaftspolitischen Bildung Soziale Seminare an vielen Orten in der Region auf, aus denen viele Betriebsräte und Vertrauensleute hervorgingen. Als Instruktoren gewann er damals eine Reihe von jungen Diplomanden und Doktoranden aus dem Seminar von Prof. Dolf Sternberger in Heidelberg.

Eine Reihe von Jesuiten mit abgeschlossenen Studien oder noch in Studien stießen dazu. In der Jahresschrift *Civitas* entstand eine Publikation auf wissenschaftlicher Ebene, der breit gestreuten Hinführung zu aktuellen Themen in der Gesellschaftspolitik diente die Schriftenreihe *Freiheit und Ordnung*.

Es kam damals aber bald zu einem Richtungsstreit am Sozialinstitut. P. zu Löwenstein schwebte ein Sozialinstitut „klassischer Prägung" vor – die wesentlichen Sparten sollten mit Fachleuten besetzt werden,

Blick zum Chorraum

um in ihren jeweiligen Feldern in die gesellschaftspolitische Diskussion aus der Tradition der katholischen Soziallehre einzugreifen. P. Krauß, späterer Provinzial, argumentierte, die von uns damals noch als außenpolitisch aufgefaßten Themen der Beziehung zur Dritten Welt würden in absehbarer Zeit unsere innenpolitische Diskussion in Deutschland beherrschen. Die Oberen favorisierten diese zweite Version und das Heinrich Pesch Haus verlegte sein Interesse auf Fragen der Dritten Welt. So entstand die Schriftenreihe *Kirche und Dritte Welt*.

Inzwischen war jedoch die finanzielle Situation des Heinrich Pesch Hauses schwierig geworden. Dazu kam der Entschluß der Oberdeutschen Provinz, die Philosophische Hochschule der deutschen Jesuiten von Pullach in die Nähe der Universität in München zu verlegen. In diesem Zusammenhang siedelte die wissenschaftliche Abteilung des Hauses als „Institut für Gesellschaftspolitik an der Hochschule für Philosophie" nach München über. In der Diözese Speyer und in Personen des öffentlichen Lebens fanden die Jesuiten Partner, um die Bildungsarbeit des Hauses in dem neu zu erbauenden „Heinrich Pesch Haus", in Ludwigshafen, zwischen Friesenheim und Oggersheim gelegen, sogar erweitert fortzuführen. Die Röchling-Villa wurde aufgelöst – die Jesuiten waren wieder kurpfälzisch geworden!

Das „Heinrich Pesch Haus" in Ludwigshafen ist zu einem herausragenden Bildungszentrum in Deutschland geworden. Es hat sich zum Ziel gesetzt, den gesellschaftspolitischen Entwurf des Jesuiten und Nationalökonomen Heinrich Pesch SJ (1854 – 1926) in allen Aspekten zu vermitteln. Heinrich Pesch war überzeugt, daß der liberalistische Kapitalismus und der marxistische Kollektivismus den Menschen gleichermaßen zerstören. Er entwarf eine eigenständige Gesellschaftstheorie, den Solidarismus. Diese Idee wurde ideengeschichtlich Grundlage unseres Zusammenlebens in Deutschland und Vorbild für die Gestaltung einer europäischen Gesellschaft.

In den gesellschaftspolitischen Bildungsangeboten für junge Menschen und Erwachsene wird versucht, das auf der biblischen Botschaft gründende Menschenbild für unsere Zeit zu verdeutlichen, dafür zu werben und zu ermutigen.

In Schulungen zum bestehenden kirchlichen Arbeits- und Vertretungsrecht für Mitarbeiter im kirchlichen Dienst füllt das Haus den vom Grundgesetz den Kirchen eröffneten Raum der Freiheit zur selbständigen Ordnung und Gestaltung ihrer Angelegenheiten aus.

In der Jugendbildung vermittelt das Haus Orientierungswissen für das politische Handeln und will zu Mitsprache und Mitgestalten motivieren. Schwerpunkte der Arbeit sind Begegnungsseminare mit Jugendlichen aus Europa, besonders auch aus den osteuropäischen Ländern. Themen künftigen gesellschaftlichen Gewichts und Jugendkulturarbeit werden angeboten.

Neben dieser Hauptaufgabe steht als integraler Teil die religiöse und kulturelle Bildung. Weltgestaltung und Transzendenz treffen im einzelnen Menschen zusammen, der gläubiger Christ und Bürger zugleich ist.

Der Bildungsbereich „Öffentliche Kommunikation" will die kommunikative Verknüpfung des Menschen in den privaten und den gesellschaftlichen Beziehungen deutlich machen und zu kompetenter Praxis führen. Besonders die Vermittlung, die Diskussion und der Schutz von gesellschaftlich bedeutenden Werten ist Ziel dieser Arbeit. Sie verlangen Reflexion, Orientierung und Verständigung.

Von zunehmender Bedeutung ist Bildung, Beratung und Begegnung auf europäischer Ebene. Dieses Anliegen zieht sich als Prinzip „Schwerpunkt Europa" durch die Arbeit in der Jugend- und Erwachsenenbildung. Praktisch äußert es sich im Aufbau einer katholischen Erwachsenenbildung in Litauen, in Fortbildungstagungen für Leiter und Leiterinnen und in der Vernetzung von Einrichtungen für internationale Jugendarbeit des Jesuitenordens in Europa.

Verglichen mit der Arbeit der Jesuiten im Mannheim des 18. Jahrhunderts kommt das „Heinrich Pesch Haus" der Dimension des alten Kollegs am nächsten; die völlig veränderten gesellschaftlichen Voraussetzungen aber werden sowohl in der Thematik, der Zielrichtung und auch in der Tatsache sichtbar, daß sie diese Arbeit nicht mehr allein tun und tun können, sondern kollegial mit Mitarbeiterinnen und Mitarbeitern, die ihr Anliegen teilen.

Es liegt in der Natur der abgelaufenen Geschichte als auch der Sache selbst, daß das „Franz Xaver Haus" in Mannheim als Ursprungsort der Anwesenheit der Jesuiten in der Kurpfalz des ausgehenden 20. Jahrhunderts öffentlich weniger sichtbar ist. Die Arbeit in der KAB, die vom Franz Xaver Haus aus in den Rhein-Neckar-Raum wirkt, ist auch vom Geist Heinrich Peschs getragen. In vielen Bereichen decken sich Anliegen und Praxis der KAB in Mannheim und des Heinrich Pesch Haus in Ludwigshafen – aber die Betonung der unmittelbaren Seelsorge entzieht sich der öffentlichen Darstellung. So arbeiten heute Jesuiten in Mannheim und von dort aus durch Beratung und Begleitung in der „Offenen Tür", als Exerzitienmeister, in der Krankenhausseelsorge, als Polizeipfarrer, in der Frauenarbeit sowie in vielerlei Aushilfen in der Seelsorge der Stadtkirche. Die ihnen anvertraute Messe an Sonntagen ist eine gern wahrgenommene Geste, die alte Tradition an diesem Ort unter anderen Vorzeichen weiterzutragen.

Die beiden Niederlassungen in Mannheim und Ludwigshafen sind nicht nur kurpfälzisch geblieben, sondern sie repräsentieren auch zwei unterschiedliche, sich teilweise überlappende, aber dennoch im Geist des Ignatius miteinander und auch mit den Jesuiten des 18. Jahrhunderts geeinte Felder heutiger Arbeit des Jesuitenordens.

In keinem Bild könnten die gesellschaftlichen Veränderungen seit der Zeit der Kurfürsten bis heute sprechender gezeichnet werden, als in den Bildern der Stifter. Die „alten" Jesuiten hatten in ihrem weitläufigen Kolleg zwischen Kirche und Schloß das große Ölportrait ihres Kurfürsten Karl Philipp hängen; von ihm sind sie geholt worden. Er ließ ihnen an den Festungswällen Grund und Boden für Kirche und Collegium „abstickeln"; diese gehörten als Corpus zum Ensemble des Schlosses und zum Konzept der Öffentlichkeit in einem absolutistischen System einer katholischen Herrschaft.

Die Jesuiten heute respektieren in ihren Einliegerwohnungen in Mannheim D 6,5 und im „Heinrich Pesch Haus" in Ludwigshafen die kleinen Fotos des Bürgerehepaares August und Auguste Zimmer. Sie haben die Jesuiten hier gehalten und ihnen ihr Haus zur Verfügung gestellt.

In der Stadt Mannheim durch die Arbeit in Seelsorge und Beratung anwesend, sind sie ein Teil in diesem pluralistischen Gemeinwesen – aber Einfluß haben sie nicht mehr als Corpus in einem katholisch geprägten Gesellschaftssystem, sondern nur nach dem Maß des Gewichtes, das der Einzelne oder eine Institution sich erwerben.

ANHANG

ANHANG 1

Gründungstext auf einer silbernen Gedenktafel zur Grundsteinlegung am 12. März 1733

„Dem Einen und dreieinigen Gott zur Anbetung, zur besonderen Verehrung der ohne Sünden empfangenen Jungfrau, zur Verehrung der Heiligen, um die katholische Frömmigkeit und den wahren Glauben bei seinen Untertanen zu mehren, hat, während Clemens XII. auf Erden des Himmels Schlüssel hielt und Karl VI. das römische Reich regierte, zur Hofkirche, welche zu Ehren des Hl. Ignatius und Franciscus Xaverius geweiht und den hl. Verrichtungen der Gesellschaft Jesu zugewiesen werden soll, den Grundstein gelegt am 12. März 1733, dem dritten Gedächtnistag ihrer Heiligsprechung, Karl Philipp Pfalzgraf bei Rhein, Kurfürst, der gehorsamste Sohn der katholischen Kirche und geringste Diener Gottes und der Heiligen."

ANHANG 2 (1)

Wie ein inbrünstig aufgerissenes Heiligtum lädt der Hochaltar (ein Werk Verschaffelts) ein, zu kommen, zu schauen und anzubeten. Der von sechs auf hohem Sockel emporwachsenden roten Marmorsäulen getragene Altarumbau hat sich nach vorne geheimnisvoll aufgetan, die dort stehenden Säulen sind, um den Blick ins Innere ganz freizugeben, zur Seite geschoben worden, und auf dem über ihnen verkröpften Gesims halten zwei riesenhafte Engel mit rauschendem Flügelschlag neben den schweren, goldenen Baldachinrippen Wacht. Im Innern des aufgerissenen Tempels aber spielt sich nun vor den Blicken des Beschauers eine erhabene Szene ab. Auf hohem Sockel über dem Tabernakel steht Ignatius von Loyola und spendet dem vor ihm knieenden, zur Missionsfahrt gerüsteten Franziskus Xaverius den Reisesegen. Zur Seite ist ein Engel am Sockel niedergesunken und weist in einem aufgeschlagenen Buch auf das Losungswort des hl. Ignatius hin: Ad majorem Dei gloriam. Zwischen den Säulen tritt die Gestalt des Glaubens mit Kreuz und Kelch herzu, auf der andern Seite eine Frauengestalt im Turban, an ihrer Hand ein Kind mit indianischem Federnschmuck, eine Personifikation der missionierten Völker. Hoch oben aber senkt sich eine Wolke herab, auf ihr die Taube des hl. Geistes, umkreist von jubilierenden und anbetenden Engeln. Goldene Strahlenbündel schießen von der Wolke herab auf die Gruppe der Heiligen und erfüllen das Innere des mit vollendeter Sicherheit der Proportion in die Apsis hineingestellten und so zu unlöslicher Einheit mit ihrem Raum verbundenen Altaraufbaus.

Aus: Leo Barth, Festschrift zum 200. Jubiläum der Grundsteinlegung, Mannheim 1933

ANHANG 2 (2)

„Einem Blick aus dem kurfürstlichen Oratorium auf diese bewegte Gruppe stellt sich eine dramatisch bewegte Szene dar unter dem Strahlenschein des offenen Himmels. Der Durchblick zwischen den Säulen verstärkt den Eindruck des Geheimnisvollen, das Zusammenspiel der Farben des prachtvoll geäderten roten Marmors, des schneeweißen Stucks der Figuren, die nicht, wie ursprünglich vorgesehen, in Marmor ausgeführt wurden, und der goldenen Strahlen, Kapitelle und Baldachinrippen gibt den Augen ein bezauberndes Fest, und das alles vollzieht sich mit einem Schwung, der mit der Kraft der Ueberzeugung hinreißt. Hier schweigt jeder Protest des anmaßenden Verstandes, hier hat nur demütiger Glaube und andächtige Hingabe noch Raum. Und wenn bei abendlichem Gottesdienst die Scheinwerfer aus dem Baldachin, hinter dessen Rippen und hinter der Wolke die Gruppe in mystisches Licht tauchen und die Kerzenflammen sich im Glanz des Marmors spiegeln, so tut sich vor den verwirrten Blicken ein wahrhaftes Theatrum sanctum auf, eine heilige Szene, ein wirkliches „Schauspiel für Engel und Menschen."

Aus: Leo Barth, Festschrift zum 200. Jubiläum der Grundsteinlegung, Mannheim 1933

ANHANG 3

Teilnehmerliste des Gesprächs über die Innenrenovierung der Jesuitenkirche am 29. Juli 1986 im Pfarrhaus der Mannheimer Jesuitenkirche

Domkapitular Dr. Bechtold
Dekan Schroff
Herr Weibel
Herr Lindner
Herr Dipl.-Kfm. Freiländer, Vorsitzender des Vorstands der Denkmalstiftung Baden-Württemberg
Frau Kraus
Prof. Dr. Gebeßler
Dr. Grunsky
Dr. Ungerer-Heuck, Landesdenkmalamt Baden-Württemberg
Regierungsdirektor Theobald, Regierungspräsidium Karlsruhe

ANHANG 4

Weiheinschrift von 1997 auf dem chorseitigen Bodenmedaillon am neuen Hauptaltar

Erbauer im Auftrag
der Churfuersten
Carl Philipp und Carl Theodor
dem Jesuitenorden zugeeignet
waren die Baumeister
Alessandro Galli da Bibiena
Francesco Rabaliati
und die Hofbildhauer
Johann Paul Egell
Peter Anton V. Verschaffelt
und der Maler Egid Quirin Asam
Grundsteinlegung 1733 Einweihung 1760
durch Fuerstbischof Josef von Augsburg
Die Kirche wurde durch Luftangriffe
im Zweiten Weltkrieg zerstoert
Beginn des Wiederaufbaues
nach dem Krieg
Wiedereinweihung 1960
durch Erzbischof Hermann von Freiburg
Weihe des neuen Altares 1997
Durch Erzbischof
Oskar von Freiburg